En estos tiempos en que se observa un fenómeno inusitado en la historia de la Iglesia como que las máximas autoridades de la jerarquía exijan obediencia a fieles y sacerdotes para obligarlos a colaborar en el proceso que socava la integridad de la Fe y la sagrada Liturgia, el presente opúsculo del doctor Peter Kwasniewski aporta una valiosa y oportuna aclaración del verdadero sentido de la obediencia. Muchas almas perplejas encontrarán en sus palabras paz para su conciencia y verán confirmada su fidelidad a la inmutable tradición doctrinal y litúrgica de la Santa Madre Iglesia.

—Reverendísimo Athanasius Schneider,
obispo auxiliar de la archidiócesis
de Santa María de Astaná

Vivimos una época que no ha conocido precedentes, unos tiempos como no se habían visto desde la crucifixión de Cristo. La Divina Providencia ha determinado que vivamos en estos tiempos mientras la Iglesia atraviesa su propia pasión como Cuerpo Místico de Cristo. ¿Cómo podremos discernir entre la obediencia a Dios y la obediencia a los hombres cuando quienes ejercen la autoridad en la Iglesia se niegan a someterse a Dios y nos han hecho perder la confianza en ellos? Este magnífico librito proporciona sólidos principios para discernir, de particular relevancia ante los últimos asaltos a la Tradición católica, y consolidan nuestra determinación para obedecer a Dios en todo.

—P. John Paul Echert, SSL
Pontificio Instituto Bíblico

Nuestro amoroso y tierno Salvador dirigió estas palabras a los dirigentes religiosos de su tiempo: «¡Ay de vosotros, escribas y fariseos, hipócritas, que cerráis a los hombres el Reino de los Cielos! Ni entráis vosotros ni permitís entra a los que querrían entrar. ¡Ay de

vosotros, escribas y fariseos, hipócritas! Que recorréis mar y tierra para hacer un solo prosélito, y luego de hecho, le hacéis hijo de la gehena dos veces más que vosotros» (Mt.23,13-15). Por amor a la Verdad, el doctor Kwasniewski ha escrito el presente ensayo con el espíritu de la Verdad misma. Reboso de gratitud porque este hijo de la Iglesia nos ayuda en estos tiempos tan complejos a saber responder a los numerosos mandatos falsos e irrazonables de la jerarquía. A mi juicio, *La verdadera obediencia en la Iglesia* no sólo es de lectura imprescindible; es asimismo un bálsamo sanador que brinda claridad a los fieles.

—Madre Miriam of the Lamb of God, O.S.B.
Presentadora del programa *Mother Miriam Live!*
y fundadora de las Hijas de María,
Madre de la Esperanza de Israel

Una obra como esta es lo menos que se podía esperar del Dr. Kwasniewski: minuciosa, razonada, rigurosa, erudita y al mismo tiempo accesible y digna de más detenida consideración, oración y acción. Exhorto al lector a tomarse el tiempo para leer esta obra con detenimiento y darla a conocer. Puede ser el punto de partida para un profundo debate que los católicos necesitan con urgencia.

—P. Robert McTeigue, S.J., Ph.D.
Autor de *Real Philosophy for Real People: Tools for Truthful Living* y presentador
de *The Catholic Current*

Por lo que se refiere a la obediencia, el ser humano es propenso a caer en uno de estos errores contrarios: obedecer sólo cuando les apetece (o bien ante la amenaza de sanciones), y tener para con las hombres la obediencia que únicamente se debe a Dios. ¿Cómo podemos evitar estos dos vicios? Siguiendo la enseñanza de Santo

Tomás de Aquino, Peter Kwasnewski expone unos principios que nunca pierden vigencia y nos pueden orientar entre los escollos que en tiempos difíciles surgen en el camino de la verdadera obediencia.

—P. Thomas Crean, OP
Autor de *The Mass and the Saints*

Siendo estudioso de S. John Henry Newman, fue para mí una grata noticia saber que el Dr. Kwasniewski estaba escribiendo, al estilo del prelado inglés, un opúsculo para nuestros tiempos en el que profundiza en el tema de la excelente ponencia que pronunció en la Catholic Identity Conference. Como soy uno de esos sacerdotes que han sido suspendidos de sus funciones, me levanté como impulsado por un resorte para aplaudir en cuanto concluyó su conferencia. Una explicación tan sucinta de los límites de la obediencia es un consuelo para los sacerdotes que suelen ser objeto de burlas por *desobedientes*. Hubo una frase que se me quedó resonando en los oídos: «Si se prescinde de la verdad, se prescinde de la caridad; si se prescinde de la caridad, se arrancan las raíces de la obediencia». Recomiendo encarecidamente esta obrita a sacerdotes y seglares.

—P. John P. Lovell
Cofundador de The Coalition for Canceled Priests

Yo, ex anciano clérigo anglicano y actual sacerdote católico, encuentro desconcertante la ofensiva que se está librando contra el auténtico uso del Rito Romano, implícita en el motu proprio *Traditionis custodes*. Cuando me ordené en los años sesenta, los más eminentes eruditos en liturgia anglicana estaban de acuerdo en que el Canon Romano era un valioso legado heredado a través de la Santa Tradición desde los primeros siglos de la Iglesia. Sustituirlo era impensable. Ni el mismo Papa podía tocarlo. El profesor

Kwasniewski demuestra con minucioso rigor el deber que Dios nos ha impuesto de obedecerle por encima de todo hombre que se empeñe en apartarnos de Él, aunque sea pontífice. Expone la doctrina católica de la obediencia de forma lúcida y magistral. No me cabe duda de que será de ayuda y brindará aliento a muchos sacerdotes y laicos atormentados por la situación que atraviesa la Iglesia Católica.

—P. John Hunwicke

La verdadera obediencia en la Iglesia

Otros libros de Peter Kwasniewski

Resurgent in the Midst of Crisis
Noble Beauty, Transcendent Holiness
Tradition and Sanity
Reclaiming Our Roman Catholic Birthright
The Holy Bread of Eternal Life
Ministers of Christ
A Reader in Catholic Social Teaching
Newman on Worship, Reverence, and Ritual
And Rightly So: Selected Letters and Articles of Neil McCaffrey
Are Canonizations Infallible?
From Benedict's Peace to Francis's War

Peter Kwasniewski

La verdadera obediencia en la Iglesia

Guía de discernimiento para tiempos recios

Copyright © 2021 by Peter Kwasniewski

Printed in the United States of America.

All rights reserved.

Cover photograph by Cynthia Ostrowski.

Os Justi Press
Lincoln, NE

Inquiries to
www.peterkwasniewski.com/osjusti
or professorkwasniewski@gmail.com

Paperback ISBN: 9798439329533

First printing

–De aquí al clímax definitivo pueden surgir santos que, haciendo un buen uso de la libertad, encaminen a su generación a la verdadera luz para bien de muchas almas.

–Eso quiere decir que también tienen que surgir quienes gobiernen sabiamente.

–Es posible, siempre que haya una conversión de corazón. Pero no basta con el corazón. La verdad tiene que iluminar la mente, y para ello, a mí me parece que tiene que haber un esclarecimiento de la conciencia.

–Michael O'Brien,
diálogo tomado de *The Sabbatical*

La verdadera obediencia es la de quien, obedeciendo, es capaz de elevarse y aunar su voluntad a la de Dios. La falsa es la de quien diviniza al hombre que representa la autoridad y acepta de él leyes ilegítimas.

–Roberto de Mattei

Contenido

Prefacio ix

La verdadera obediencia en la Iglesia 1

La obediencia como virtud suprema, imitando el modelo de Cristo 2

Estructura y restricciones de la obediencia. 5

Jerarquía de autoridades 10

Relación intrínseca entre la autoridad y el bien común. 14

La liturgia tradicional es inherente al bien común de la Iglesia 19

El papa que se alzó contra el bien común 27

El sensus fidelium y la resistencia de una conciencia católica 35

Los revolucionarios y desobedientes no somos nosotros . 43
Plantarnos y mantenernos firmes. 49
Otras lecturas 57
Notas. 61
Sobre el autor 89

Prefacio

Una versión anterior del siguiente texto se utilizó como ponencia en la Conferencia sobre la Identidad Católica celebrada en Pittsburgh el 2 de octubre de 2021. Se ha ampliado considerablemente para su publicación. Hemos preferido poner las notas al final del volumen en vez de a pie de página para mantener más despejadas las páginas y facilitar la lectura, ya que algunos lectores preferirán saltarse las notas en la primera lectura para centrarse en la cuestión de fondo. Con todo, animo a esos lectores a estudiar las extensas notas, pues amplían los temas tratados en el texto principal respaldándolos con referencias. A fin de no recargar excesivamente el texto con enlaces, en la mayoría de los casos referencias de internet, nos hemos limitado a señalar autor, título, nombre de página y fecha, que en cuestión de segundos bastarán para encontrar esos textos. La sección *Otras lecturas* proporciona una bibliografía descriptiva para quienes deseen profundizar en los numerosos temas que se tratan en el presente opúsculo.

Aprovecho para dar las gracias a Sophia Institute Press, que me animó a editar esta obrita y la publicó en un tiempo tan breve; a varios sacerdotes y seglares que me brindaron muchas sugerencias útiles; y por último a la multitud de fieles católicos dispuestos a librar el buen combate de la Fe manteniendo la Tradición católica cueste lo que cueste. Al igual que con nuestro culto tradicional, debemos también obedecer «en espíritu y en verdad», con fe firme, recta razón y la conciencia limpia.

La verdadera obediencia en la Iglesia

Guía de discernimiento para tiempos recios

En cierta ocasión, un amigo me contó que cuando cursaba estudios de posgrado en la Facultad de Teología de Harvard presentó al claustro de profesores una idea para una tesis doctoral: la obediencia de Jesús en el Evangelio de San Juan. Tras unos momentos de silencio, uno de los profesores titulares, conocido liberal, dijo: «El tema es inaceptable. La obediencia es la raíz de todos los males».

Aquel catedrático era alemán y había conocido los horrores del nacionalsocialismo, cuando millones de ciudadanos acallaron la voz de su conciencia y siguieron a un dictador desquiciado hacia un desastre terrible en aras de la obediencia al jefe, al pueblo y la nación. Por ese motivo, su actitud era comprensible. La misma actitud es comprensible también en la Iglesia Católica actual, en la que salen a la luz casos de corrupción a todos los niveles por parte de los prelados, aunada a una tónica dominante de uso abusivo de la autoridad que no sólo motiva a los fieles a dejar de hacer aportes económicos, sino también a retirar toda cooperación moral y asentimiento intelectual. «¿Obedecer a ésos? ¡Ni en broma!», podría convertirse en una frase hecha.

La obediencia tiene mala prensa a causa de los abusos cometidos por algunas autoridades y la subsiguiente pérdida de confianza. En el ámbito de lo político, con excesiva frecuencia el ejercicio de la autoridad no está encaminado al bien común del pueblo sino al bien privado de los políticos o de ciertos grupos de presión, fenómeno que se ha generalizado bastante en la política estadounidense. Algo parecido se puede observar en la manera en que algunos prelados, priores, maridos y padres de familia, que gobiernan más para su comodidad y conveniencia que para el verdadero bien de sus súbditos. El auge del liberalismo (feminismo incluido) es, al menos en parte, una reacción contra abusos reales, del mismo modo que el protestantismo—abuelo del liberalismo actual—justificó su postura disidente en razón de una cristiandad tardomedieval con una tremenda laxitud moral y unos abusos espantosos en materia de religión. Si a todo ello sumamos el fascismo y el comunismo del siglo XX, quizás no deberíamos sorprendernos por la generalización del catedrático de Harvard, ya que en efecto puede ser terrible la obediencia ciega a quienes se erigen en autoridad sobre las almas.

La obediencia como virtud suprema, imitando el modelo de Cristo

Con todo, hay que tener cuidado para no irse al otro extremo. Afirmar que la obediencia es la raíz de todos los males es la expresión de la mismísima modernidad. La Ilustración nació del deseo de liberarse de la autoridad, de pensar por uno mismo y no querer depender de nadie. En resumidas cuentas, de que uno sea el dios de su propio mundo. En su breve ensayo *Respuesta a la pregunta: ¿Qué es la Ilustración?*[1], Kant afirma que el hombre sólo puede ser libre cuando no tiene ataduras con nadie y se atreve a pensar por sí mismo y para sí mismo *(aude sapere)*; en tanto que dependa de otros, es esclavo. Tales ideas proceden del mismo engaño destructivo que el hombre caído padece desde la fatídica desobediencia de Adán y Eva. Por muy elegantemente que se la vista con el atuendo de Königsberg, la postura de Kant no se diferencia lo más mínimo de la de la serpiente en el Paraíso.

La verdad es muy diferente. Dice Santo Tomás en su hermoso tratado *De la perfección de la vida espiritual*[2] que la obediencia es la respuesta adecuada de la criatura, que es sierva por naturaleza y por gracia; es la vía que sigue quien sabe que depende de otros para alcanzar su fin, de quien entiende la primacía de su Creador y Señor y confía en el orden establecido por la Divina Providencia. Al obedecer humildemente a Dios y a sus representantes en la Tierra, el hombre desmiente la quimera de la autonomía y pasa a gozar de la libertad de los hijos de Dios, que son guiados por el Espíritu de amor de Él, no por sus propios deseos, frecuentemente errados. No sólo eso; dice el Aquinate que el hombre no hace una ofrenda perfecta de sí mismo cuando renuncia a los bienes externos, ni cuando renuncia a los lazos familiares y al matrimonio, sino cuando renuncia a la propia voluntad.

El mayor modelo de esta obediencia liberadora es Nuestro Señor mismo, de quien dice San Pablo:

> Tened en vuestros corazones los mismos sentimientos que tuvo Cristo Jesús; el cual, siendo su naturaleza la de Dios, no miró como botín el ser igual a Dios, sino que se despojó a sí mismo, tomando la forma de siervo, hecho semejante a los hombres. Y hallándose en la condición de hombre se humilló a sí mismo, haciéndose obediente hasta la muerte, y muerte de Cruz. Por eso Dios le sobreensalzó y le dio el nombre que es sobre todo nombre, para que toda rodilla en el cielo, en la tierra y debajo de la tierra se doble en el nombre de Jesús, y toda lengua confiese que Jesucristo es Señor, para gloria de Dios Padre (Fil. 2,5–11).

Por sorprendente que parezca, el Hijo de Dios, igual al Padre y al Espíritu Santo en su común naturaleza divina, se sometió a pesar de ello a la humillación de nuestra condición humana caída ocultando su gloria para asumir la forma y la función de siervo y abrazar por obediencia los tormentos y la muerte más denigrantes para redimirnos de nuestros pecados y librarnos de los castigos a los que nos habíamos hecho acreedores con ellos. Y permitió que todo eso sucediera a manos de las autoridades religiosas y políticas de su tiempo. De ese modo Cristo asumió y divinizó nuestro deber de subordinarnos y someternos a aquellos a los que Dios ha puesto sobre nosotros. Y por ello fue grandemente exaltado.

Nuestro Señor Jesucristo nos propone la vía fácil de la obediencia de la que siempre fueron modelo los grandes santos: San Pablo en sus numerosas epístolas; San Benito con su Santa Regla; los Padres del Desierto y los de la Iglesia; Tomás de Kempis con su *Imitación de Cristo*; los maestros del Carmelo, Santa Teresa de Jesús y San Juan de la Cruz; y muchísimos más ejemplos que podríamos poner[3]. Es más, las liturgia oriental y latina nos brindan un modelo y escuela perfectos de obediencia, porque brindan un orden litúrgico completo, hasta la última de las oraciones, cantos y ceremonias, y exigen a los ministros de culto que acaten ese orden, que se revistan de él del mismo modo que lo hacen con las vestiduras, y lo obedezcan a fondo, hasta el punto de que se disuelva su individualidad y se manifieste la supremacía de Cristo eterno sacerdote. El Señor se vale de sus ministros ordenados como de instrumentos animados racionales, de la misma manera en que un compositor o un director de orquesta se sirven de los músicos para extraer la belleza previamente escrita en una partitura[4]. La liturgia tradicional ejemplifica la virtud de la obediencia exigiendo al sacerdote que observe las rigurosas y exhaustivas rúbricas, y no le da lugar ni oportunidad de escoger ni permitirle que improvise ni flexibilidad de movimientos.

Estructura y restricciones de la obediencia

Dicho esto, nos vemos obligados de todos modos a abordar un problema: exactamente el mismo que identificó el veterano profesor de Harvard con torpe exageración. Está claro que la obediencia de un hombre a otro no es ni puede ser incondicional, o ciega, como se suele decir. Por eso, a partir de este momento hablaremos en este folleto de los límites de la obediencia y de en qué casos está justificado desobedecer la orden o disposición de un superior en una jerarquía terrena, incluso—y en particular—en la Iglesia Católica.

Tenemos que empezar por darnos cuenta de que lo más prioritario no es la obediencia sino la caridad; por eso, la obediencia bien entendida no es ciega. En el orden del ser, primero están la verdad y el amor a esa verdad. Y después, la obediencia es la única respuesta adecuada a la verdad, la única respuesta apropiada de la voluntad a la verdad que hay que amar por ella misma. Si quitamos la verdad, quitamos el amor; y si quitamos el amor, arrancamos la raíz de la obediencia[5]. El Nuevo Testamento insiste en que la obediencia a los mandamientos del Señor es la manifestación de la verdadera caridad[6].

En nuestra vida cristiana, Dios nos impone unas obligaciones determinadas con arreglo a unas vocaciones concretas. Cuando un hombre y una mujer se casan, aceptan sus deberes de estado; tienen que hacer todo lo que Dios les exige como esposos y padres. Ello no es fácil ni mucho menos, pero es un ejemplo claro y concreto de obediencia activa, y la experiencia de los santos es que esa obediencia a la vocación es liberadora. Las obligaciones se basan en la naturaleza del estado de vida: los deberes de los casados se derivan de la ley natural y la divina, de las que no están eximidos. Con esto

Dios fija unos límites, por ejemplo, a lo que puede exigir un marido a su esposa o un padre a sus hijos. La relación entre superior y subordinado siempre se enmarca en el contexto de la voluntad revelada de Dios tal como la enseña la Iglesia con su autoridad.

Aparte nuestros deberes de estado, se nos llama a acatar toda autoridad legítima derivada de Dios y ejercida, al menos de forma indirecta, en nombre de Él. La concisa afirmación que encontramos (expresada de maneras ligeramente diferentes) en innumerables catecismos católicos publicados a lo largo de siglos dice: «¿Qué manda el cuarto mandamiento? Amar, honrar y obedecer a nuestros padres y superiores. (...) Porque no hay autoridad sino de parte de Dios, y las que existen han sido establecidas por Él»[7]. En resumen, cuanto más cerca se esté de Jesús y de su inmaculada Esposa la Iglesia Católica, más absoluta obediencia se les debe; y cuanto más apartado se esté, más necesario es matizar y juzgar con prudencia. Jamás se dará un caso en que no entre en juego en modo alguno el ejercicio de la prudencia, al menos para que nos autorice a proceder con lo que se nos pide[8]. Como mínimo, tenemos que ver claro que no está en contradicción con un bien con el que tenemos un compromiso más claro y prioritario.

Los católicos debemos a nuestros superiores en la Iglesia una obediencia libre, inteligente y consciente. ¿Qué significa eso? Que para poder obedecer hay dos requisitos fundamentales que tienen siempre que darse, de modo explícito o implícito.

En primer lugar, confianza. La confianza se basa en la convicción de que nuestro superior nos ama con caridad cristiana y quiere nuestro bien, o como mínimo que no nos desea daño ni mal[9]. Los niños pequeños tienen de un modo bastante natural esa confianza en sus padres, y en la mayoría de los casos encuentra su plena justificación en el cariño de los padres por los hijos. Por eso, aunque la obediencia sea penosa para la naturaleza humana caída, es natural y evidente en el círculo familiar. Desgraciadamente, sabemos que cuando en una familia hay malos tratos, cuando uno de los padres hace o intenta hacer daño a los hijos, se socava la confianza y desaparece por tanto uno de los requisitos esenciales para que obedezcan los hijos a los padres.

En segundo lugar, existe lo que podríamos llamar legítima subordinación. Esto quiere decir dos cosas: primero, que el superior obedece a una autoridad que está por encima de él. El superior debe sujetarse a Dios; a la ley divina y la natural. Pero debe también respetar las costumbres y tradiciones, sobre todo dentro de la Iglesia, en la que estas cosas tienen fuerza de ley[10]. Y segundo, que el inferior sólo está sujeto al superior en aquellas cuestiones en las que éste tiene criterio o autoridad, y cuando el superior se extralimita o puede extralimitarse, el inferior se da cuenta.

Únicamente Dios, por ser el bien supremo e infinito, por ser el Amor mismo, merece una obediencia total e incondicional, porque es digno de toda nuestra confianza; no tiene más superiores que Él mismo, que es fuente, modelo y justicia de todo superior, y nunca quiere nada que no sea nuestro bien.

Un aspecto vital de la confianza en los superiores es confiar en que nos dicen la verdad. Una vez más, en circunstancias normales podemos dar por sentado que se nos dice la verdad a menos que haya indicios vehementes de que nos mienten o manipulan. Si tenemos sospechas bien fundadas de que un superior miente en algo de lo que dependa nuestra salvación, estará justificado albergar cierta medida de escepticismo hacia él y lo que nos pide[11]. Algo que guarda relación con esto es que debemos tener una confianza elemental en que al propio superior no le miente o manipula su superior ni sus consejeros. Una vez más, no hay motivo para pensar que eso es lo que pasa, pero hay casos en que es evidente que alguien está mal informado o engañado. Los actos que son fruto de la falsedad pueden resultar tremendamente destructivos y se los debe resistir en proporción al daño que causen o puedan causar. En esto, también Dios es la verdad perfecta, incapaz de engañar o ser engañado, por lo cual todo lo que procede de la boca de Dios siempre será cierto y nunca debe ponerse en duda. Cuando sus representantes hablan la verdad que procede de Él, o cuando habla de algo neutro, debemos aceptarlo sin poner reparos ni vacilar. En cambio, si toman una decisión que parece contraria a alguna verdad que ya conocemos por la razón o la fe, no tenemos otra opción que negarnos a aceptarla o cumplirla[12].

Como se ve, la obediencia no se da fuera de un contexto. Aunque el subalterno, por serlo, está obligado a obedecer al superior, esa obligación está supeditada a las condiciones que hemos expuesto más arriba. A este respecto podemos citar las claras palabras del arzobispo Charles J. Chaput, OFM:

> La obediencia cristiana nunca es un servilismo irreflexivo. Por algo se nos ha dado cerebro. La obediencia cristiana es un acto de amor. Es la entrega de uno mismo. Cuando la obediencia a la autoridad se vuelve mecánica y excesiva, o lo que es peor, se destina a un mal fin, aplasta el espíritu. Todo amor verdadero—y de manera especial el amor que está en el núcleo de una sana obediencia—está ordenado a la verdad. (...) Con la vida en la Iglesia es igual. Cuando la autoridad se socava a sí misma por medio de corrupción, falsedades, ambigüedades, brutalidad, cobardía o mala gestión, la fidelidad a la verdad exige que los cristianos fieles se resistan y opongan[13].

Jerarquía de autoridades

Es preciso entender que la obediencia es hermosa porque siempre es obediencia a Dios, mediata o inmediata. Si, por ejemplo, doy culto a Dios el domingo, lo hago por obediencia directa a Él, porque es el único que ha promulgado la ley divina y tenemos que reservar un día de la semana para darle culto. Si obedezco a los pastores de la Iglesia cumpliendo el precepto dominical, también obedezco a Dios con ello, pero de modo indirecto, porque los pastores que gobiernan en su nombre fueron los que establecieron ese precepto en particular. De igual manera, cuando obedezco a las autoridades civiles legítimas, es porque éstas han recibido su autoridad de Dios, no del pueblo. Según S.S. León XIII, a quien siempre debemos obedecer—el único a quien en el fondo debemos obediencia—es Dios. Sería indigno—dice—que un hombre tuviera que someterse a un igual en naturaleza si éste no gobierna en nombre de Dios y con la autoridad de Él, porque en este caso acatamos lo que manda Dios por medio de sus ministros[14].

Las repercusiones de esto son tremendas. Enseguida se entiende por qué a un ser humano cualquiera, independientemente del cargo que ocupe en la Iglesia o el Estado, sólo se le debe obedecer cuando lo que manda está en consonancia con la Ley de Dios, o al menos no se ve que la contravenga. Si una ley civil o de la Iglesia es contraria a la ley divina o la ley natural (que es la participación de la criatura racional en la ley eterna de la mente de Dios), cobra vigor el principio enunciado en los Hechos de los Apóstoles: «Hay que obedecer a Dios antes que a los hombres». Cuando se tienen dudas serias y bien fundadas de que una orden humana sea compatible con la ley divina o la natural, no se debe obedecer. Afirmar lo contrario equivaldría a decir que si tememos cometer un pecado mortal, o incluso venial, debemos cometerlo de todos modos para no ofender al superior.

Como se ve, obedecer a todos excepto a Dios no es un principio absoluto ni se da fuera de contexto. Requiere ciertas condiciones, niveles de actuación y límites. Un análisis sereno y objetivo de esta cuestión lo podemos encontrar en la *Suma teológica*[15] de Santo Tomás de Aquino. Según el Aquinate, corresponde al orden divino que no sea Dios el único que ejerza la autoridad, cuya voluntad siempre está conforme con la sabiduría, sino también a sus representantes, cuya voluntad puede que no siempre lo esté: «Está escrito: Hay que obedecer a Dios antes que a los hombres (Hch.5,29). Ahora bien, se dan casos en que un superior manda algo contrario a la voluntad de Dios. Por esa razón, no hay que obedecer en todo»[16]. Explica Santo Tomás:

> «Hay dos motivos por los que un súbdito puede no estar obligado a obedecer a su superior en todo. Primero, por tener que obedecer la orden de una autoridad superior. Pues, como dice una glosa a Romanos 13,2, "quien resiste a la autoridad, resiste el mandato divino": "si un jefe da una orden, ¿hay que cumplirla si es contraria al mandato de un procónsul? Y a su vez, si el procónsul manda una cosa y el Emperador otra, ¿no vacilaremos en desobedecer la primera y acatar la última? Por eso, si el Emperador manda una cosa y Dios otra, hay que desacatar al primero y obedecer a Dios" (cf. St. Augustine, *De Verb. Dom.* VIII). En segundo lugar, el súbdito no está obligado a obedecer a su superior si éste le manda hacer algo en lo que no está sujeto a él»[17].

Para aclararlo más, el Doctor Angélico añade:

> «El hombre está sometido a Dios con respecto a todo, en cuanto a lo interno y lo externo, y por ello está obligado a obedecerle en todo. En cambio, los subalternos no están obligados a obedecer a sus superiores en todo,

> sino sólo en ciertas cosas y de un modo particular, con respecto a las cuales el superior está puesto entre Dios y sus súbditos, mientras que con relación a otras cuestiones el súbdito está directamente a las órdenes de Dios, el cual le enseña tanto por la ley natural como por la escrita»[18].

Por consiguiente, Santo Tomás distingue tres clases de obediencia: una que es *suficiente* para la salvación, que obliga a cumplir lo mandado; otra, *perfecta,* mediante la cual el religioso hace voto de obedecer todo mandato legítimo que se le da, por molesto o desagradable que sea; y por último, una *obediencia indiscreta* por la que obedece hasta en cuestiones ilegítimas.[19] Y explica por qué no toda desobediencia es pecado: «Aunque el hombre tiene el deber de obedecer a todos sus superiores, es mayor la obligación de obedecer a la autoridad superior que a la inferior, por lo cual no se hace caso de la autoridad inferior cuando ésta manda algo que es contrario a lo mandado por la superior.»[20] El gran tomista León XIII se hace eco de estas palabras de su maestro en su encíclica *Diuturnum illud:*

> Los que así obran no pueden ser acusados de quebrantar la obediencia debida, porque si la voluntad de los gobernantes contradice la voluntad y las leyes de Dios, los gobernantes rebasan el ámbito de su poder y pervierten la justicia. Ni en este caso puede valer su autoridad, porque esta autoridad, sin la justicia, es nula (n.º 11).

En otra encíclica, *Libertas prestantissimum*, el mismo pontífice recalca este concepto:

> Si, por consiguiente, tenemos una ley establecida por una autoridad cualquiera, y esta ley es contraria a la recta razón y perniciosa para el Estado, su fuerza legal es nula, porque no es norma de justicia y porque aparta a los hombres del bien para el que ha sido establecido el Estado (n.º 7).

Aunque dice «el Estado», el principio enunciado se aplica a todas las formas de sociedad. Hay que ahondar más para llegar a la raíz de la autoridad misma, que con toda razón vincula León XIII al bien común.[21]

Relación intrínseca entre la autoridad y el bien común

El bien que relaciona a las personas entre sí es un bien común; es bueno para muchos a la vez sin disminuir ni dividirse.[22] Los bienes privados se consumen o se retiran de la circulación cuando son poseídos. Si se parte un pastel en varios pedazos, aunque a cada uno nos toque un trozo (si tenemos suerte), yo me como el mío y tú el tuyo. Si me pongo una prenda de vestir, nadie más puede tenerla puesta al mismo tiempo. Aunque a la propiedad se le dé un uso hospitalario y caritativo, también está limitada en ese sentido: por derecho y en la práctica, no todo el mundo la puede disfrutar por igual, y con el uso disminuye o se desgasta. En cambio, un bien verdaderamente común lo pueden compartir muchos a la vez, y los perfecciona a todos. Ejemplos de bienes así serían la paz de una familia y el recto orden de la sociedad, ya que cuantos más bienes haya de éstos, más participaremos todos sin que disminuyan. La verdad es un bien común: si otro y yo conocemos el teorema de Pitágoras, cada uno de los dos posee ese conocimiento en su totalidad y se perfecciona con él; podemos hablar de él y descubrir más a partir de ahí. Por estas razones, el bien común es mejor que el privado; es decir, que es mejor hasta para el individuo que un bien puramente individual que él posea. Esto es importante, porque quiere decir que siempre será irrazonable preferir un bien meramente individual en detrimento de uno común. Si uno y otro entran en conflicto, la única solución razonable es optar por el bien común[23].

Ahora bien, al contrario que el bien privado de una persona, que por naturaleza tiende a buscar su propio bien, el bien común no se vale por sí mismo; necesita de alguien que lo cultive, obre explícitamente en pro de él y coordine a las personas para que lo busquen y salvaguarden. Así nace la autoridad: surge para servir y promover el bien que muchos comparten. Por eso puede la autoridad obligar a las personas a hacer algo determinado (o, por el contrario, prohibírselo); las autoridades pueden, por ejemplo, situar el bien común entre la persona y lo que está tiene planeado hacer y decirle: «Si hace tal cosa pisoteará el bien común». Inmediatamente resultará irrazonable, o sea, inmoral, lo que se había pensado hacer. Y si la autoridad dice: «Hágase esto», lo que hace es

		Exige …
	Dios: ley eterna	Obediencia absoluta por parte de la criatura
	Ley de Dios revelada (incluye la liturgia)	Obediencia absoluta de la fe asistida por la razón
	Ley natural participación de la criatura racional en la ley eterna Derecho eclesiástico humano	Obediencia absoluta de la razón asistida por la fe
Para ser vinculante, tanto este ámbito de la ley como los siguientes deben armonizar con los tienen por encima.	**Jerarquía de la Iglesia/superiores** (promulgado por una autoridad establecida por Dios)	Obediencia condicional cimentada en la confianza, legítima subordinación, mantenimiento del bien común de la Iglesia

Derecho civil humano (promulgado por una autoridad establecida por Dios)	Obediencia condicional cimentada en la confianza, legítima subordinación, bien común civil
Reglas de la familia fijadas por los padres (dadas por una autoridad establecida por Dios a través de la ley natural; sujeta en varias formas a las leyes eclesiástica y civil)	Obediencia condicional cimentada en la confianza, legítima subordinación, bien común doméstico
Reglas y normas de asociaciones voluntarias (empresas, clubes, uniones . . .); tienen más de costumbre que de ley	Cooperación voluntaria basada en contrato o acuerdo sobreentendido

colocar el bien común como obstáculo entre la persona y cualquier otra acción que no sea la mandada, con lo que se convierte en la única acción razonable.

Con esto llegamos al meollo de la cuestión. La capacidad de una autoridad para obligar moralmente se asienta en el bien común, de manera que, si la autoridad se ejerce abiertamente en contra del bien común, el mandato que se da carece de autoridad moral para obligar. No puede decir: «Si no se cumple el bien común se vulnera el bien común». O sea, que la autoridad no se puede ejercer más allá ni en contra de esos bienes. Está claro que este razonamiento exige distinguir entre lo que contraviene el bien común de un modo en que personas razonables podrían disentir y lo que lo contraviene de una manera en que los razonables no puedan disentir. Que debamos desobedecer al presidente de los EE. UU. si ordena al ejército que destruya el país, no quiere decir que podamos desobedecerle si ordena al ejército que se meta en una guerra que sospechamos que no va a terminar bien.[24]

Entonces, ¿cuál es el bien común de la Iglesia que justifica su autoridad, autoridad que ejercen en diversos grados las personas que integran la Jerarquía, y de modo especial el Sumo Pontífice? El bien común de la Iglesia es la vida divina de Jesucristo, su Jefe soberano—la gracia sobreabundante de su alma divina, compartida con sus miembros por medio de la revelación que ilumina el intelecto y la caridad de su Corazón, que inflama el nuestro—y la divinización de las almas mediante una vida de sacramentos y oración (ante todo por el culto solemne, formal y público que llamamos sagrada liturgia). En este bien común se incluyen los abundantes tesoros de bienes que Dios nos ha revelado, los bienes que Cristo ha obtenido para nosotros con su preciosísima Sangre y todos los bienes que el Padre y el Hijo juntos han prodigado a la Iglesia enviándole el Espíritu Santo, no sólo en Pentecostés, sino a partir de entonces a lo largo de toda su historia hasta la Parusía.

La liturgia tradicional es inherente al bien común de la Iglesia

En el ámbito concreto de la liturgia, no debemos entender los ritos tradicionales de la Iglesia como meras obras humanas, sino como obras realizadas conjuntamente entre Dios y los hombres; o sea, de la Iglesia movida por el Espíritu Santo.[25] Nuestro Señor prometió a sus discípulos: «Cuando venga el Espíritu de verdad, Él os conducirá a toda la verdad» (Jn.16,13). Esta promesa incluye la plenitud de la liturgia. Es de suponer que, si la Iglesia está verdaderamente gobernada por el Espíritu de Dios, a grandes rasgos y en sus formas aceptadas, el culto irá madurando y perfeccionándose a lo largo del tiempo. Dom Prosper Guéranguer lo expresa con entusiasmo:

> Este Espíritu divino habita en la Santa Iglesia. Vino a ella como un viento impetuoso, y se le manifestó con el expresivo símbolo de las lenguas de fuego. Desde aquel día de Pentecostés no ha dejado de habitar en su esposa dilecta. Él es el principio de cuanto hay en ella. Es Él quien estimula sus oraciones, sus aspiraciones,

> sus cánticos de alabanza, su entusiasmo y hasta sus lamentos. De ahí que su oración sea tan ininterrumpida como su existencia. Día y noche resuena su voz dulcemente en el oído de su divino Esposo, que siempre la acoge gustoso en su Corazón…
>
> No tema, pues, el alma, esposa de Cristo poseída del amor a la oración, que su sed no pueda saciarse con los caudalosos ríos de la liturgia, que ora corren como un arroyuelo sereno, ora como un rugiente e impetuoso torrente, ora con encrespadas olas como las del mar. Venga y beba de las cristalinas aguas que brotan saltando hasta la vida eterna. Pues estas aguas surgen de las fuentes mismas de su Salvador, y el Espíritu de Dios las anima con su virtud endulzándolas y refrescándolas para el ciervo jadeante…
>
> Este poder renovador del año litúrgico, al que nos proponemos atraer la atención de nuestros lectores, es un misterio del Espíritu Santo, que sin cesar anima la obra que ha inspirado a la Iglesia a establecer entre los hombres para que santifiquen el tiempo que se les ha dado para que adoren a su Creador.[26]

De forma análoga (y prácticamente al mismo tiempo), un contemporáneo inglés de Guéranguer, John Henry Newman, escribió:

> Cuando el último de los Apóstoles ascendió a su trono celestial y el oráculo de la inspiración se cerró definitivamente; cuando los fieles quedaron en manos del

> gobierno ordinario que había de reemplazar el singular tiempo de los milagros, se alzó ante sus ojos en su forma normal y la plenitud de sus proporciones aquel majestuoso Templo cuyos planos fueron diseñados desde el principio por Nuestro Señor mismo entre sus discípulos elegidos. Fue entonces cuando la Jerarquía surgió en gloria visible y ocupó el puesto que se le había asignado en la congregación de los fieles. A su debido tiempo, las santas asambleas periódicas (los concilios), los ritos solemnes, la honra de los lugares sagrados y el ornato de estructuras materiales; todo ello en sucesión fue poniendo en acto la grandiosa idea que Dios había impartido a la Iglesia desde el día de Pentecostés.[27]

Si tomamos en serio esta misión constructiva y perfectiva el Espíritu Santo a lo largo de siglos de catolicismo, entenderemos por qué los cambios introducidos en la liturgia, tanto en Oriente como en Occidente, van aminorando hasta alcanzar cierta madurez: plenitud de expresión doctrinal, saturación de simbolismo e impacto artístico, después de lo cual dejan de desarrollarse salvo en detalles accesorios o de poca monta. Esta realidad innegable explica la condena del falso arqueologismo por parte de Pío XII, que señaló que las formas más antiguas de oración de la Iglesia no deben considerarse mejores ni más auténticas, dado que el Espíritu Santo siempre ha estado activo en el continuo enriquecimiento y amplificación de la liturgia.[28] La historia demuestra que el Espíritu Santo pasa gradualmente de inspirar nuevas oraciones a preservar y santificar las ya existentes, el culto ya familiar, amado y normativo que participa de las cualidades de la revelación divina. Era y no es menos obra del Espíritu Santo proporcionar a los cristianos la gracia de amar y mantener su patrimonio que producir en un principio ese patrimonio. Se diría que, en el esplendor de su monumental inmutabilidad, el culto perfeccionado de la Iglesia no sólo lo hemos heredado de nuestros antepasados, sino del propio Cielo.

A propósito de la Misa en concreto, el obispo de Skopje (Macedonia) Smiljan Franjo Čekada, dirigió estas sucintas palabras a los otros padres conciliares durante el Concilio Vaticano II:

> La liturgia de la Misa, en la que se nos representan la Pasión y Muerte del Señor, ha ido adquiriendo su forma actual a lo largo de los siglos. Se ha desarrollado de forma espontánea, orgánica, gradual y sucesiva—indudablemente bajo la influencia del Espíritu Santo, siempre presente en la Iglesia—desde su núcleo primitivo hasta el rito actual, lleno de belleza y armonía y capaz de expresar con gestos y palabras cuanto contiene y significa.[29]

Para corroborar lo que dice monseñor Čekada podemos citar las magníficas palabras que el gran P. Nicholas Gihr escribió a finales del siglo XIX:

> La Iglesia Católica posee en el sacrificio eucarístico el sol de su culto divino, el centro de su vida de gracia y virtud, su bien supremo, su mayor riqueza y su más

> valioso tesoro. De ahí que siempre haya empleado todas sus energías en celebrar este misterio sublime y exaltado de la Fe de la manera más digna. El propio Cristo instituyó y ordenó apenas el acto esencial del sacrificio; pero todo lo relativo al desarrollo de la liturgia y el revestimiento de la acción propiciatoria divina lo dejó en manos de su Iglesia, guiada e iluminada por el Espíritu Santo. El sublime y motivador rito propiciatorio creado por la Iglesia no es una obra meramente humana, sino una obra de arte y un logro magistral realizado con la asistencia divina: un edificio sagrado tan hermoso, armonioso, maravilloso y completo tanto en su totalidad como en sus partes que la mano invisible de la sabiduría celestial que dirigió su construcción y ejecución es inconfundible y no se deben negligentemente pasar por alto.[30]

Sobre el Canon Romano en particular, escribe el P. Gihr:

> Por origen, antigüedad y uso, el Canon es venerable, inviolable y sagrado. Si alguna oración de la Iglesia nació de la inspiración particular del Espíritu Santo, es sin duda el Canon.[31]

Y como todo esto es cierto—es la única manera en que los católicos entendieron la liturgia antes de mediados del siglo XII—en consecuencia, la liturgia tradicional, su *lex orandi* o ley de la oración es expresión fundamental, normativa e inmutable de su *lex credendi* o ley de fe, la cual no puede contradecir, suprimir ni reescribir en muchas partes sin renegar de la continuidad que ha impreso el Espíritu Santo a la Iglesia en su conjunto.[32] Massimo Viglione aclara este punto:

> De hecho, la *lex orandi* de la Iglesia no es un precepto de derecho positivo votado por un parlamento o decretado por un soberano, que siempre puede ser anulado, alterado, sustituido, mejorado o empeorado. Es más, la *lex orandi* de la Iglesia no es algo concreto y determinado en el tiempo y el espacio, sino el conjunto de normas teológicas y espirituales y las prácticas litúrgicas y pastorales de toda la historia de la Iglesia desde los tiempos del Evangelio—en particular desde Pentecostés—hasta el día de hoy. Aunque vive claramente hoy, hunde sus raíces en todo el pasado de la Iglesia. Por eso, no hablamos de nada humano—exclusivamente humano—que el jefe de turno pueda alterar a su antojo. La *lex orandi* abarca los veinte siglos de historia de la Iglesia, y no hay en el mundo hombre ni grupo de hombres que puedan alterar este depósito de veinte siglos. No hay papa, concilio ni episcopado que pueda cambiar el Evangelio, el depósito de la Fe ni el Magisterio universal de la Iglesia. Como tampoco se puede alterar (de manera decisiva) la liturgia de siempre.[33]

Rechazando la idea de que la afición al rito tradicional sea una cuestión de sentimentalismo o de estética, monseñor Vitus Huonder se centra de lleno en lo que tiene de protestación de fe:

> El rito, tal como lo conocemos, es una profesión de fe, y una profesión de fe no se puede desechar, así como así. ¿Qué dirían ustedes si yo, que soy obispo, dejase de rezar el Credo? ¿Qué pensarían de mí los fieles? «¡Pero ¡qué se ha creído, no puede hacer eso!» No olvidemos que el rito tradicional [romano], y con más razón por los años que lleva acumulados, es también una profesión de fe. No se les puede pedir a los fieles que abandonen esa declaración de fe.[34]

La historia de la Iglesia da fe de que la Misa ha demostrado ser una incesante profesión de fe, ante todo por lo que hacen quienes intentan socavar la fe. La *Enciclopedia católica* dice bastante claro a este respecto:

> Prácticamente ni hace falta decir que la Misa es el núcleo de la religión católica. Durante la Reforma, y siempre, la Misa ha sido puesta a prueba. Los reformadores tenían razón cuando afirmaban que lo importante era la Misa. Los insurgentes de Cornualles de 1549 se alzaron contra la nueva religión impuesta y expresaron en detalle su alegato exigiendo que los libraran del culto anglicano y restablecieran la Misa de siempre. La prolongada persecución de los católicos en Inglaterra se tradujo en la práctica en leyes que en su mayor parte iban dirigidas contra la Misa; durante siglos, los monarcas ingleses fueron obligados a manifestar que eran protestantes, y no lo hacían negando el conjunto de dogmas católicos, sino repudiando la

> doctrina de la Transustanciación y la Misa. Así como el vínculo que une a los católicos es estar en unidad con Roma, nuestra común participación en el más venerable rito de la Cristiandad es testimonio y salvaguarda de dicho vínculo.[35]

Precisamente por ese motivo, sólo ha habido dos grupos de católicos, mejor dicho, excatólicos, que han puesto en tela de juicio la *lex orandi* tradicional: los protestantes la rechazaban porque disentían abiertamente de la *lex credendi* que representaba, y los modernistas, porque creen que la *lex credendi* evoluciona y debe evolucionar incesantemente, por lo que la *lex orandi* tiene que ser mudable y maleable para mantenerse al día. Podemos concretar más: tanto los protestantes como los modernistas consideran la historia de la Iglesia a partir de Constantino una historia de progresivo entenebrecimiento y vuelta al paganismo, una desviación de la pura, sencilla y auténtica primavera de los primeros cristianos que se reunían en las casas para *partir el pan* y evocar a Jesús, el carpintero taumaturgo de Nazaret. Para ellos, la desviación alcanzó la cúspide en la Edad Media, cuando se transmitió una religión supersticiosa que a lo largo de los siglos culminó en la pantomima clericalista y refinada que se conoce como Misa Tridentina. El fuego del espíritu pentecostal fundió ese paradigma y lo sustituyó por unas formas de culto más acordes con la fe viva de los cristianos: primero con la Reforma, y mucho más tarde con el Concilio Vaticano II y las subsiguientes reformas.

Entre 1965 y 2005 prácticamente no se ha publicado un texto litúrgico de uso mayoritario que no exprese algo por el estilo de esta mentalidad, ridiculice en mayor o menor grado del pasado y manifieste mayor o menor medida confianza en un futuro radiante de culto comprensible en lengua vernácula y al alcance de los laicos. Ésa era ni más ni menos la autocrítica que hacían los sedicentes expertos de la Iglesia. No es ninguna exageración afirmar que la reforma litúrgica de Pablo VI se basó en un concepto protestante de la historia de la Iglesia y de la liturgia. Aceptarla supone aceptar, en mayor o menor grado, que se entienda el catolicismo como una historia de oscurantismo, confusión, clericalismo en los ritos y exclusión por sistema de los creyentes de las libertades evangélicas; en resumen, una historia de corrupción que jamás podría ser fruto del Espíritu Santo. Por consiguiente, los partidarios del culto tradicional son igualmente oscurantistas, enredadores, ritualistas, clericalistas, una élite de fariseos que se oponen al Espíritu Santo.[36]

El papa que se alzó contra el bien común

Desgraciadamente, esa es, ni más ni menos, la mentalidad que se oculta tras el motu proprio *Traditionis custodes* y sus partidarios. Una mentalidad desde luego nada católica, de hecho, anticatólica. Como la liturgia es «fuente y cúlmine de la vida cristiana», epítome de la divina revelación y agente primario de nuestra transformación en Cristo, en consecuencia, derogar, prohibir o entorpecer en modo alguno el venerable

Rito Romano transmitido y humildemente aceptado, agradecido y calurosamente elogiado a lo largo de siglo tras siglo de desarrollo ininterrumpido supone el ataque más infame y dañino al sentido común que quepa lanzar o imaginar. Una declaración de la HSSPX afirma con toda razón:

> La Misa Tradicional pertenece a la parte más íntima del bien común de la Iglesia. No puede tener nada de legítimo ponerle limitaciones, recluirla en guetos, y a la larga proyectar su desaparición. Semejante ley no es una ley de la Iglesia, porque, como dice Santo Tomás, una ley que contraviniese el bien común no sería válida.[37]

La Tradición católica reconoce el solemne deber del Papa para con la costumbre inmemorial litúrgica de la Iglesia.[38] Según el célebre juramento pontificio del *Liber diurnus Romanorum Pontificum,* manual de fórmulas utilizadas por la cancillería pontificia al final del primer milenio, el Papa debe jurar: «Mantendré intactos la disciplina y ritos de la Iglesia tal como me los transmitieron mis antecesores».[39] En uno de sus cánones aprobados, el Concilio de Constanza declara: «Habida cuenta de que el Romano Pontífice ejerce tanta autoridad sobre los mortales, justo es que esté tanto más ligado por los indiscutibles vínculos de la fe y los ritos que han de observarse con los Sacramentos de la Iglesia».

Entre las muchas autoridades teológicas que se podrían traer a colación, nos limitaremos a citar a Francisco Suárez SJ (1548–1617):

> Si el Papa mandase algo contrario a la sana costumbre; si intentase hacer algo manifiestamente contrario a la justicia y el bien común, sería lícito resistirle; y si llegase a agredir físicamente, podría contenérselo por la fuerza, con la moderación propia de una legítima defensa.[40]

Suárez afirma además que el Papa incurriría en cisma «si alterase todas las ceremonias eclesiásticas que son de tradición apostólica».[41] Parece que la idea es que siempre nos es legítimo aspirar a adherirnos al Magisterio solemne y la práctica constante de la Iglesia. Ya en el siglo IV, San Atanasio el Grande podía decir a los fieles: «Nuestros cánones y ritos no fueron dados a las iglesias hoy, sino que por medios sabios y seguros nos los han transmitido nuestros ancestros».[42] Tenemos que reaccionar con escepticismo a las novedades que algunos eclesiásticos quieren añadir a la Tradición o poner en su lugar y estar listos para oponer resistencia si se intenta eliminar la Tradición, que indiscutiblemente es parte constitutiva esencial del bien común de la Iglesia.[43] Como dice el obispo ficticio Edmund Forster en la clásica obra del P. Bryan Hougton *Mitre and Crook*, «sería impensable defender la Misa [Tridentina] con sutilezas legales. ¡Qué estupidez! Se sostiene *mole sua*, por su propio peso. Es nada menos que la Misa».[44] Y Martin Mosebach señala lo mismo:

> El papa Benedicto no *autorizó* la Misa *de antes* ni otorgó privilegio alguno para celebrarla. En una palabra, no dispuso una medida disciplinaria que un sucesor suyo

> pueda abrogar. Lo nuevo y sorprendente de *Summorum Pontificum* fue que declaraba que no hacía falta permiso alguno para celebrar la Misa de antes. Que nunca había sido prohibida porque no se podía prohibir. La conclusión inevitable es que ahí tenemos un límite definitivo e insuperable a la autoridad pontificia. La Tradición es superior al Papa. La Misa de siempre hunde profundamente sus raíces en el primer milenio del cristianismo; esto es una cuestión de principio superior a la autoridad del Papa para prohibir.[45]

Con su habitual suavidad de maneras, el cardenal Sarah expresa la misma opinión en su comentario sobre las famosas palabras de Benedicto XVI:

> Así pues, lo que es sagrado para la Iglesia es la cadena ininterrumpida que con certeza la conecta a Jesús. Una cadena de fe sin rupturas ni contradicciones, una cadena de oración y liturgia sin solución de continuidad ni negaciones. Sin esta radical continuidad, ¿qué credibilidad podría seguir exigiendo la Iglesia? No hay en ella vuelta atrás, sino un desarrollo orgánico y continuo que llamamos tradición viva. Lo sagrado no es algo que se pueda decretar; se recibe de Dios y se transmite.
>
> Esa es sin duda la razón por la que Benedicto XVI pudo afirmar con autoridad: «En la historia de la Liturgia hay crecimiento y progreso, pero ninguna ruptura. Lo que para las generaciones anteriores era sagrado,

> también para nosotros permanece sagrado y grande y no puede ser de improviso totalmente prohibido o incluso perjudicial. Nos hace bien a todos conservar las riquezas que han crecido en la fe y en la oración de la Iglesia y darles el justo puesto.».[46]

Salta a la vista que Francisco contradice a su predecesor, porque el mensaje fundamental de *Traditionis custodes* es: «Lo que para las generaciones anteriores era sagrado no sigue siendo grande y sagrado para nosotros, y de la noche a la mañana puede estar totalmente prohibido y considerarse perjudicial. No tenemos el deber preservar las riquezas que se han acrecentado en la fe y la oración de la Iglesia ni debemos dejar el menor lugar para ellas».[47] Explica José Antonio Ureta que nuestra negativa a aceptar el motu proprio de Francisco «no es cuestión de poner en tela de juicio la autoridad del Papa, que debe suscitar cada vez más amor y reverencia en nosotros. Es precisamente el amor al papado lo que debe motivarnos a denunciar *Traditiones custodes*, que tiene por objeto eliminar dictatorialmente el rito más antiguo y venerable del culto católico, del cual todo católico tiene derecho a abrevarse».[48]

Obsérvese que Suárez habla de «todas las ceremonias litúrgicas que se cimentan en la tradición apostólica», *apostolica traditione firmatas:* se refiere a todo el andamiaje que se ha levantado sobre los cimientos apostólicos. Sería algo así como el Misal Romano de 1570, que San Pío V calificó de «pura liturgia (…) según el rito de la Iglesia Romana» y enarboló como bandera por encima del caos de la Reforma.[49] Al contrario de la línea superficial que siguen algunos apologistas actuales, la constitución apostólica *Quo primum* de San Pío V no es un simple documento disciplinario que sus sucesores puedan desechar o contradecir, así como así. Teniendo en cuenta que la liturgia tiene que ver con cuestiones de fe y de moral, *Quo primum* tiene que considerarse un documento *de rebus fidei et morum*, y por consiguiente su contenido sustancial no es pasible de ser desechado por un pontífice posterior; condición reconocida por el gesto elocuente de sus sucesores, que al promulgar sucesivas ediciones del Misal Romano siempre se preocuparon de prologarlas con *Quo primum* para que no quedara duda de que aceptaban y abrazaban lo que San Pío V había codificado y canonizado.[50] No es que el Papa hiciera la Misa intocable con la publicación de *Quo primum*; al contrario, *Quo primum* no se podía tocar a causa de la Misa. Esta constitución apostólica sólo se podía promulgar, y sólo se puede entender con coherencia, como la con perpetuación de una Misa Tradicional que ya existía y no se podía tocar. De ahí que el testimonio que da *Quo primum* de las perennes *lex orandi* y *lex credendi* de la Iglesia siga vigente y garantice los derechos perpetuos de la Misa Tridentina, así como de los sacerdotes de rito latino para celebrarla:

> «Por autoridad Apostólica y a tenor de la presente, damos concesión e indulto, también a perpetuidad, de que en el futuro sigan por completo este Misal y de que puedan, con validez, usarlo libre y lícitamente en todas las Iglesias sin ningún escrúpulo de conciencia y sin incurrir en castigos, condenas, ni censuras de ninguna especie. Del mismo modo, estatuimos y

> declaramos: que no han de estar obligados a celebrar la Misa en forma distinta a la establecida por Nos ni Prelados, ni Administradores, ni Capellanes ni los demás Sacerdotes seculares de cualquier denominación o regulares de cualquier Orden; que no pueden ser forzados ni compelidos por nadie a reemplazar este Misal; y que la presente Carta jamás puede ser revocada ni modificada en ningún tiempo, sino que se yergue siempre firme y válida en su vigor. (...) Mas si alguien se atreviere a [alterar este documento] sabrá que ha incurrido en la indignación de Dios omnipotente y de los bienaventurados Apóstoles Pedro y Pablo.[51]

Ahora bien, soy consciente de que *Quo primum* presenta algunas complejidades. Desde luego incluye cuestiones disciplinarias, por lo que no es meramente una declaración sobre asuntos de fe y costumbres; pero tampoco es un simple decreto administrativo que se pueda alterar o abrogar totalmente. Tiene mucho más peso. *Quo primum* califica el Misal de 1570 como el monumento de la Tradición por excelencia del rito romano, la expresión autorizada de la *lex orandi* de la Iglesia Romana. Es la Misa de los Padres de Occidente. Por lo tanto, jamás podrá declararse ilegítima en la Iglesia Católica ni necesitar una revisión a fondo. Si San Pío V se limitó a *adaptar el Misal a las necesidades de su tiempo* (como se ha llegado absurdamente a afirmar), ¿cómo es que se le ocurrió decretar el uso definitivo y permanente de ese Misal, invocando la ira de los Apóstoles sobre quienes lo contraviniesen? Es evidente que estaba convencido de que era el núcleo de la tradición litúrgica romana, que ninguna autoridad terrena podía revocar.[52]

Todo lo anterior se puede enlazar en un silogismo. La profesión tridentina de fe reconoce como esencial al catolicismo adherirse a «ritos de la Iglesia Católica recibidos y aprobados en la administración solemne de todos los sacramentos» (o sea, los ritos tradicionales),[53] *Quo primum* reconoce el Misal Romano de 1570 como el rito tradicional de la Misa; eso precisamente, y no una mera ley positiva, es el fundamento de su validez perpetua. Por eso, adherirse a la liturgia codificada y canonizada en este Misal Romano es esencial para la catolicidad en el ámbito de la Iglesia de rito latino; es lo que da el carácter católico romano. Corolario: quien rechaza la autoridad del rito latino y adopta un misal no tradicional... ¡no es católico, es otra cosa!

Doy por sentado que el lector ya tiene claro que el rito romano clásico y el moderno de Pablo VI son dos ritos diferentes. Tan diferentes en su contenido, que comprende textos, música, rúbricas, ceremonias y anexos, que sería disparatado considerarlo una revisión o nueva versión del anterior.[54] Pablo VI reconoció implícitamente la ruptura al ser el primer pontífice en cuatrocientos años que omitió la bula *Quo primum* de San Pío V y la sustituyó por una constitución cínicamente titulada *Missale Romanum*. Como expresando el sentido del gesto de Montini, el papa Francisco ha afirmado en dos ocasiones posteriormente a *Traditionis custodes* que la actual situación de la Iglesia de Roma es similar al birritualismo (aunque quizás fuera más apropiado decir bipolaridad).[55]

Este detalle es importante; no hablamos de una versión con algunas ligeras adaptaciones del mismo misal, sino de una auténtica ruptura en la que hay dos ritos romanos cuyas causas, principios, elementos y expresiones son conflictivas y compiten entre sí. Se trata de una situación incomprensible, sin precedentes, y ahí está la raíz de todos los males que actualmente aquejan a la liturgia.[56]

El sensus fidelium y la resistencia de una conciencia católica

Más arriba dije que cuando una autoridad eclesiástica actúa en contra del bien común de la Iglesia no se le debe obedecer. Es importante señalar que los teólogos católicos sostienen unánimes que eso es posible—que una autoridad de la Iglesia contravenga el bien común—y, algo más importante todavía: que los católicos de a pie pueden ser capaces de darse cuenta de ello. De lo contrario, estaríamos indefensos y no podríamos reaccionar a las desviaciones morales e intelectuales de nuestros pastores y maestros. Si los fieles carecieran de esa capacidad para discernir, buena parte de la historia de la Iglesia sería un galimatías. Pensemos, por ejemplo, en la firme resistencia y negativa pública de los fieles ingleses a asistir a la nueva misa protestantizada del arzobispo Cranmer[57] en el siglo XVI, a pesar de que los clérigos que preferían llegar a un entendimiento con los herejes que se habían hecho con el poder los animaban a aceptarla. A pesar de los inconvenientes, acosos, multas y aun sanciones más graves, los católicos devotos de Inglaterra se negaban a asistir a lo que más tarde se conoció como el rito anglicano. Pero esto fue mucho antes de que llegara ninguna orientación desde Roma declarando que la nueva forma de culto era «fruto del cisma y distintivo de odio a la Iglesia», así como que asistir a él era «pecado grave».[58]

En un documento redactado por la Comisión Teológica Internacional del Vaticano y publicado en 2014 se puede encontrar una valiosa exposición de cómo se ha entendido tradicionalmente el *sensus fidelium*, es decir, la capacidad de que disponen los miembros bautizados de la Iglesia para discernir la verdad de Cristo cuando se los ha formado debidamente y procuran vivir con arreglo a ella. Aunque no forme parte del Magisterio, el mencionado documento expresa con precisión el consenso de los teólogos a lo largo de los siglos:

> «Amados, no confiéis en todo espíritu, sino probad a los espíritus para ver si son de Dios, porque muchos falsos profetas han venido al mundo» (1 Jn 4,1). El *sensus fidei fidelis* confiere al creyente la capacidad de discernir si una enseñanza o práctica es coherente con la verdadera fe de la que ya vive. (...) El *sensus fidei fidelis* también permite que cada creyente perciba una desarmonía, inconsistencia o contradicción entre una enseñanza o una práctica y la auténtica fe cristiana de la que vive. Luego reacciona a la manera en que el amante de la música percibe las notas falsas en la interpretación de una pieza de música. En este caso, los creyentes resisten las enseñanzas o prácticas

> involucradas internamente, y no aceptan ni participan en ellas. [Dice Santo Tomás:] "El *hábito* de la fe que tiene esta capacidad a través de él, el creyente se lleva a cabo a asentir a lo que es contrario a la fe, al igual que la castidad conserva en comparación con lo que es contrario a la castidad"»[59]

Es de destacar que para unos tiempos como los que vivimos, el documento añade a continuación:

> «Advertido por su *sentido de la fe,* los creyentes individuos pueden ir a retener su asentimiento a la educación de sus pastores legítimos si no se reconocen en esta enseñanza de la voz de Cristo, el Buen Pastor. "Las ovejas lo siguen [al Buen Pastor], porque conocen su voz. No seguirán a un extraño; huirán de él porque no conocen la voz de los extraños "(Jn. 10, 4-5). Para Santo Tomás, un creyente, incluso sin competencia teológica, puede y debe resistir en virtud del *sensus fidei* a su obispo si éste predica cosas heterodoxas. En tal caso, el creyente no se establece como el criterio último de la verdad de la fe; por el contrario, frente a una predicación materialmente *autorizada* que le resulta problemática, aunque no se puede explicar exactamente por qué, no da su asentimiento y apela internamente a la autoridad superior de la Iglesia universal.»[60]

¿En qué consiste esa infalibilidad guiada por el Espíritu del *sensus fidei?* No es otra cosa que una versión potentísima de la realidad de que no podemos abdicar de la razón personal ni de nuestro *sentido común cristiano.* Del mismo modo que los dirigentes seculares carecen de una autoridad que está por encima del ejercicio de la razón por parte de los ciudadanos y la voz de su propia conciencia, tampoco en el terreno de la gracia eclesiástica los dirigentes tienen autoridad para hacer oídos sordos a la razón de los creyentes y hacer dejación del deber que tienen para con Dios de anteponer el bien común de la Iglesia a toda preferencia personal.[61] El *sensus fidelium* es parte integral de la indefectibilidad de la Iglesia, que con harta frecuencia se interpreta erróneamente como una especie de cualidad magisterial exclusiva de la jerarquía, cuando lo cierto es que consiste en una donación de Dios a la Iglesia precisamente porque está estructurada como un cuerpo. Por eso pudo señalar Newman que durante la crisis arriana del siglo IV «el dogma de la divinidad de Nuestro Señor se promulgó, impuso, sostuvo y (humanamente hablando) preservó mucho más por parte de la *Ecclesia docta* (Iglesia enseñada) que por la *Ecclesia docens* (Iglesia docente)», y que «el episcopado no cumplió su deber mientras los laicos fueron fieles al bautismo que habían recibido».[62]

Al hablar de conciencia es necesario hacer un breve paréntesis para hablar de esta palabra de la que tanto se ha abusado, y que no obstante se refiere a una realidad de suma importancia.

En los años sesenta, setenta y ochenta hicieron gran hincapié en la *conciencia* los progresistas que disentían de doctrinas perennes como por ejemplo la prohibición del control de natalidad (que Pablo VI se limitó a confirmar; no la inventó ni mucho menos). Los liberales siguen utilizando ampliamente la palabra escudándose en ella para justificar actos inmorales, en particular contra el sexto y el noveno mandamiento. Por lo visto, para ellos *conciencia* es algo así como sus deseos particulares de personas modernas y autónomas, ignorantes de la voluntad de Dios o no dispuestas a acatarla. Esta distorsión politizada dio lugar a una reacción contraria por parte de los conservadores y los tradicionalistas, que igualmente abusaron de la palabra llegando a equiparar el concepto de una conciencia bien formada con el de sumisión automática a una autoridad externa, lo cual, en una especie de neoultramontanismo, llegó a la conclusión de que la voluntad del Papa venía a ser el único principio por el que los católicos virtuosos debían regir su vida.[63] El resultado de este tira y afloja entre facciones en el seno de la Iglesia ha sido que el concepto de conciencia ha perdido su significado; ha sido vaciado de su contenido substancial. A todos—liberales, conservadores y tradicionalistas—se nos ha escapado de las manos un elemento que nos hace inequívocamente humanos, o sea racionales, libres y responsables ante Dios.

Según Santo Tomás, «la conciencia es (…) una acción que consiste en la aplicación del conocimiento moral a la conducta» en un momento dado.[64] San John Henry Newman describió la conciencia como «mensajero de Aquel que, tanto por la naturaleza como por la gracia, nos habla a través de un velo mientras nos enseña y gobierna por medio de sus representantes».[65] El Concilio Vaticano II elogió con toda razón a dicho mensajero: «En lo más profundo de su conciencia el hombre descubre una ley que él no se da a sí mismo, sino a la que debe obedecer y cuya voz resuena, cuando es necesario, en los oídos de su corazón, llamándole siempre a amar y a hacer el bien y a evitar el mal [...]. El hombre tiene una ley inscrita por Dios en su corazón».[66] Para oír esa voz es preciso mirar hacia dentro como dice San Agustín y «ver a Dios como testigo de cuanto hacemos».[67] Observamos en estas afirmaciones el vínculo entre la conciencia y una ley o voz interior y una norma o autoridad externa a la que aquella atiende. Según el *Catecismo de la Iglesia Católica,* la conciencia moral «atestigua la autoridad de la verdad con referencia al Bien supremo por el cual la persona humana se siente atraída y cuyos mandamientos acoge».[68] La conciencia siempre está ligada a la verdadera doctrina, es una fuente de iluminación que se impone como cierta a la mente receptiva. En tanto que la conciencia sea consciente de su carencia, buscará formación en una luz confiable y no descansará hasta encontrar la que la ilumine. Comentando el versículo «el agua que Yo le dé se hará en él una fuente» (Jn.4,14), escribe Santo Tomás: «Quien bebe creyendo en Cristo bebe de una fuente de agua; y al abrevarse de ella, su conciencia, corazón del hombre interior, cobra vida y ella misma se transforma en fuente»[69]

Como se ve, la conciencia no es sinónimo de lo que a uno le venga o no en gana hacer. Se trata más bien de la actividad del alma humana que discierne lo que está bien y lo que está mal de conformidad con la verdad conocida, a fin de que deseemos hacer lo que corresponda en un momento o situación determinados. La conciencia va de la mano con la virtud de la prudencia, que nos permite discernir lo mejor que se puede hacer teniendo en cuenta todas las circunstancias pertinentes y las exigencias propias de la virtud, que siempre nos obliga a cumplir con la ley de Dios para nuestro bien. El Salmo 119 [118 en la Vulgata], el más largo del Salterio davídico y columna vertebral del Oficio Divino, hace mucha insistencia en que la ley de Dios es nuestra guía, luz, orientación y delicia, así como en que si prescindimos de ella no tendremos un criterio preciso para juzgar. La meditación constante en la ley de Dios que nos transmiten la Escritura y la Tradición es el medio que ha provisto Dios para conformar nuestra capacidad de juicio moral.

Así pues, si tenemos claro cómo funcionan la conciencia y la virtud, nos daremos cuenta de que en la vida cristiana no existe la obediencia ciega. Para obrar el bien y evitar el mal es importante discernir el bien que se debe hacer del mal que hay que evitar; es necesario hacer uso del sentido común antes de emprender cualquier cosa que nos hayamos propuesto. Interiormente, tenemos que desear conformarnos a lo verdadero y rechazar lo falso. Si bien existen normas generales de comportamiento y reglas a las que no cabe excepción, en el momento de obrar, sólo uno mismo sabe y decide qué es correcto hacer o no hacer; es un deber personal que no puede delegar en otro que piense y decida por él.[70] Como es natural, habrá ocasiones en que un superior mande una cosa y el subordinado no vea conflicto moral en ella; en ese caso, la falta de elementos cuestionables le daría luz verde para obedecer sin más. La idea no es que el razonamiento moral sea algo complicado y exija tiempo—a una persona virtuosa con la conciencia clara no le costará nada tomar ciertas decisiones, aunque la consecuencia le suponga sufrimiento–, sino que el razonamiento moral funciona continuamente y no se puede soslayar, ni tampoco intentar hacerlo en nombre de una obediencia supuestamente más santa. Si bien el Magisterio de la Iglesia proporciona principios que nos permiten discernir las acciones virtuosas y saber que debemos evitar otras que son intrínsecamente malas, sólo a nivel individual puede el cristiano plantearse la acción moral que consiste en guiarse por unos principios y aplicarlos en sus decisiones personales. No hay una fuente externa que pueda intervenir y hacerse cargo de la función de su alma, pues es ésta la que deberá dar cuenta a Dios. Rectamente entendida, éste es el primado de la conciencia del que da testimonio el católico.[71]

Hoy en día, los católicos que ven cómo les son arrebatados bienes esenciales o son acosados por grandes males pueden y deben apelar verdaderamente a la conciencia. No se trata de ser progresistas, sino ni más ni menos de ser humanos y cristianos. De ser tradicional como es debido, conociendo el valor perenne de lo que ha sido objeto de amor y veneración por parte de nuestros antepasados y se nos ha transmitido con inquebrantable fidelidad, y dar testimonio de ello.

Los revolucionarios y desobedientes no somos nosotros

Que quede claro: un ataque a la Misa Tradicional (o a cualquier otro rito tradicional) equivale a un ataque a la Providencia de Dios Padre; es rechazar la obra de Cristo, Señor y Rey de la Historia, y blasfemar contra el fruto del Espíritu Santo en la vida litúrgica de la Iglesia. Va a contramano de la costumbre de todos los tiempos de la Iglesia, de todos los santos, concilios y papas anteriores al siglo XX. Es lo contrario a varias virtudes fundamentales en la vida cristiana, sobre todo la religión, la gratitud y la humildad. Supone rechazar la dogmática confesión de fe que se ha acumulado en la *lex orandi* latina tradicional en su desarrollo orgánico a lo largo de como mínimo 1600 años, lo cual contraviene la virtud teologal de la fe; y supone rechazar la comunión de los santos en un linaje y patrimonio común de culto, lo cual es contrario a la virtud teologal de la caridad. Por todo esto y más, la reforma litúrgica postconciliar, su inflexible puesta posterior en práctica y el constante empeño del papa Francisco en extinguir la tradición de siempre son inadmisibles, injustos y pecaminosos, y no puede por tanto dárseles legitimidad ni aceptárselos como voluntad de Dios.[72] Es bien sabido que Santo Tomás de Aquino dijo: «Las leyes injustas tienen más de actos violentos que de ley (...) por lo cual no obligan en conciencia»[73] Repudiar nuestro patrimonio litúrgico equivale a desobedecer a Dios; obedecemos a Dios desobedeciendo a los revolucionarios. Como dice el eminente historiador de la Iglesia Roberto de Mattei:

> A la filosofía de la rebelión, la filosofía del disentimiento, la filosofía de la Revolución, cuyo primer inspirador es el Demonio, opongamos una filosofía de la obediencia a la ley de Dios que es vulnerada y ofendida en todo el mundo. Y en nombre de esa obediencia suprema estamos dispuestos a dejar de obedecer a los hombres, incluidos los de la Iglesia, si hay graves circunstancias que nos lo imponen. Pero si eso sucede, lo haremos con dolor, con respeto, renovando nuestro espíritu de obediencia a Dios y a su ley, y renovando nuestro amor a la Iglesia y al prójimo: a todo hermano cuya voluntad deseamos hacer según el orden de prioridades en cuanto a dependencias y jerarquías que gobierna el universo. Amamos el orden y combatimos el desorden. Nuestra lucha contra el desorden se llama Contrarrevolución, que es el movimiento que restablece el orden.[74]

Sebastian Morello viene a afirmar lo mismo:

> Los católicos que se preocupan por preservar su patrimonio de fe y costumbres no son los revolucionarios ni los desobedientes. Lamentablemente, a esos católicos se los acusará—de hecho, ya los acusan—de desobediencia. En realidad, lo que pasa es que esos católicos no quieren participar en la causa revolucionaria. Precisamente su obediencia y su fidelidad a la Tradición ante los abusos de una autoridad arbitraria es lo que los hace blanco de los revolucionarios y desobedientes.

> Es importante que esos católicos tengan claro que no son ellos los revolucionarios y los desobedientes, sino los fieles.[75]

Cuando tenemos el convencimiento de que algo fundamental y decisivo es objeto de ataque por parte del Papa o de otro jerarca, no sólo estamos autorizados a desobedecer lo que se nos pide u ordena, o a negarnos a abandonar lo que injustamente se nos arrebata o prohíbe; es que tenemos ni más ni menos la obligación de oponernos por el amor que profesamos a Nuestro Señor, a su Cuerpo Místico y a nuestra propia alma. No podemos adoptar una actitud neutral; la neutralidad es peligrosa.[76] Obedecemos, como corresponde, a la autoridad superior; y en lo relativo a la cuestión que estamos tratando, la autoridad superior es la Divina Providencia, el Espíritu Santo, la autoridad de la Iglesia de siempre, la voz de Dios en nuestra conciencia que da testimonio de la mayor sacralidad y poder santificador de los ritos antiguos y de las necesidades y exigencias del bien común de la Iglesia.[77]

Como efectivamente es así, sería ilícita toda pena o castigo a los supuestos revolucionarios. Si se aplica un castigo con una motivación teológica o canónica falsa, es nulo y carece de valor, de la misma manera que el juicio canónico y la excomunión de Santa Juana de Arco por parte de un clero corrupto y con motivaciones políticas fue declarado ilegítimo veinticinco años después de su ejecución. Supongamos que un jerarca aparta, suspende, excomulga o intenta reducir al estado laico a un sacerdote católico porque éste ama y practica la tradición litúrgica mientras que el prelado la desprecia y rechaza.[78] El apartamiento, excomunión o suspensión *a divinis* carecería de validez legal, porque es contradictorio hacer uso de la autoridad contra alguien cuyo único delito sea «combatir por la Fe, que una vez ha sido dada a los santos» (Judas 3). El sacerdote puede seguir administrando los sacramentos como siempre hizo; sus facultades están indemnes.[79]

Cabría objetar que lo que en realidad estoy haciendo es negar que siga existiendo una autoridad eclesiástica legítima, pues de seguir existiendo, toda sanción impuesta a un sacerdote, ya fuese culpable o inocente, sería efectiva *pro tempore:* un sacerdote que ha sido suspendido no tendría capacidad para hacer nada. Al fin y al cabo, el derecho canónico da por sentada la validez de las acciones en el fuero externo. Respondo que en circunstancias habituales sí, pero no en los tiempos extraordinarios en que vivimos, en los que las autoridades eclesiásticas, en su ofensiva contra la tradición litúrgica y teológica, se han enfrentado al bien común de la Iglesia, contrariando su propia finalidad y, en la misma medida, su autoridad. Los católicos reconocemos una ley más fundamental que los dictados canónicos; una ley que condiciona forzosamente y en todo: *salus animarum suprema lex.* La ley suprema es la salvación de las almas. Todo el andamiaje de la Iglesia existe para la salvación de las almas; no tiene en esencia otra finalidad que defender y promover la comunicación de la vida de Cristo a la humanidad.

En circunstancias normales, el derecho canónico crea una estructura que hace posible que la Iglesia pueda cumplir su misión de una forma ordenada y tranquila. Pero pueden darse situaciones anárquicas o anómalas, de corrupción o apostasía en las que las circunstancias ordinarias se conviertan en impedimentos en vez de facilitar la misión de la Iglesia. En tales casos, la voz de la conciencia dicta que hay que hacer lo que se debe, con paciencia y caridad, para que se cumpla la ley suprema. Por ejemplo, oficialmente San Atanasio el Grande fue excomulgado, pero no vaciló en seguir realizando su labor,[80] y muchos sacerdotes que se mantuvieron fieles tras la extinción de la jerarquía católica en la Inglaterra isabelina continuaron ejerciendo su ministerio a lo largo de bastantes generaciones, a pesar de infringir las normas canónicas vigentes. Cuando arde la casa, se intenta apagar el fuego y rescatar a las víctimas por todos los medios posibles mientras llegan los bomberos. Y más todavía cuando se sabe que el capitán de los bomberos ha abandonado su puesto, o duerme, o está borracho, o piensa que los incendios son beneficiosos, y la mayoría de los bomberos son torpes, ineptos, o peor todavía, les han pagado unos saboteadores para que echen gasolina al fuego. No se debe achacar la culpa de la crisis de la Iglesia a quienes, conscientes de la obligación que tienen para con Dios y con sus correligionarios que sufren, responden como mejor saben con las flamantes armas de la obediencia a la ley suprema por la que se rigen todas las demás. No puedo menos que hacerme eco de monseñor Viganò:

> No caigamos en el error de calificar de normales a las cosas que están sucediendo, juzgándolas a partir de los parámetros jurídicos, canónicos y sociológicos que presupondría semejante normalidad. En tiempos

> extraordinarios—y ciertamente la crisis que atraviesa la Iglesia es extraordinaria—lo que sucede supera lo que conocieron nuestros padres. En tiempos extraordinarios, podemos tener noticia de que un pontífice engañe a los fieles; se puede ver a príncipes de la Iglesia acusados de delitos que en otras épocas causarían horror y se castigarían con severidad; podemos asistir en nuestros templos a ritos que parecen ingeniados por la perversa mente de Cranmer*; ver a obispos que entran en la basílica de San Pedro llevando en procesión al inmundo ídolo de la Pachamama; y hasta oír como el Vicario de Cristo pide perdón a los adoradores de dicho simulacro cuando un católico tiene la osadía de arrojarlo al Tíber.[81] [*N. del T.: Thomas Cranmer fue arzobispo de Canterbury (primado del Reino Unido) durante el tiempo de la reforma anglicana, y alteró catastróficamente la liturgia siguiendo criterios protestantes.]

Como nos recuerda con frecuencia Su Excelencia, la situación que atraviesa la Iglesia encuentra un paralelo en la que crisis que simultáneamente afecta a la política secular, y está estrechamente ligada con ella. Los abusos de autoridad, las tácticas para amedrentar, los intentos de castigo y la valerosa reacción que se requiere son análogos:

> A estas alturas, la ciudadanía por un lado y los fieles por otro se ven obligados a desobedecer a las autoridades terrenas para obedecer la divina, que gobierna las

naciones y la Iglesia. Es evidente que los *reaccionarios*–o sea, los que no aceptan la perversión de la autoridad y quieren ser fieles a la Iglesia de Cristo y a su patria—son un factor disidente que no puede ser tolerado en modo alguno, y deben por tanto ser desacreditados, desautorizados, amenazados y despojados de sus derechos en nombre de un supuesto bien común que ya no es el *bonum comune* sino todo lo contrario. Ya sea que se les acuse de conspiranoia, tradicionalismo o fundamentalismo, esos escasos sobrevivientes de un mundo al que se quiere hacer desaparecer son un peligro que amenaza frustrar el plan mundialista justo en el momento más crucial de su puesta en práctica. (...) Por consiguiente, se comprende la violencia con que reaccionan las autoridades y prepararnos para llevar a cabo una firme y decidida oposición mientras seguimos haciendo uso de los derechos que de forma abusiva e ilegal se nos han negado.[82]

Plantarnos y mantenernos firmes

Paradójicamente, *Traditiones custodes* ha corroborado la clásica afirmación tradicionalista de que se ha producido una ruptura entre la Iglesia de siempre y la Iglesia conciliar o, como mínimo, entre el culto que ofrece cada una de ellas. A pesar de ello, en este caso la que sale perdiendo no es la de siempre, con sus dogmas inmutables y su grandiosa liturgia. Quien tiene que perder es la advenediza, la impostora, la de ayer por la tarde. Por eso, es una verdadera necesidad, no un lujo, para algunos sacerdotes y religiosos dar testimonio con su vida—mediante una inquebrantable e integral fidelidad a la Tradición basada en principios firmes—de que la Iglesia indefectiblemente tiene que ser la misma de siempre, y de que lo que antes era grande sagrado no puede dejar de serlo en el presente y debe mantenerse hasta el final de los tiempos. En el momento en que se proscribe la Tradición, juntamente con ella queda proscrita la sustancial continuidad de la Iglesia, y junto con ella el cimiento de la autoridad eclesiástica, ya que el episcopado y el papado mismos nos han sido transmitidos por la Tradición.[83] Como observa enérgicamente George Neumayr,

> En una religión basada en la Tradición no tiene sentido suprimir ésta salvo que se quiera transformar radicalmente dicha religión. (…) Naturalmente, el Papa personifica la misma división que afirma detestar. Causa la más honda división entre los católicos. A partir de la propia Tradición. Si la unidad se cimenta en la heterodoxia, esa unidad es falsa. (…) Al no tener en cuenta la autoridad de los pontífices que le precedieron, Francisco anula su propia autoridad.[84]

El testimonio del legado recibido de la antigüedad, el Medievo y Trento corre grave peligro hoy en día, y no sólo por obra y gracia de jerarcas que quieren cortar con la Tradición, sino por el exceso de celo de funcionarios empeñados en subordinar el culto divino a la cada vez más extendida religión de la sanidad pública. Es importante tener claro que nadie en la Iglesia ni en el Estado tiene autoridad, sea de índole natural, divina o eclesiástica, para prohibir la Misa o negar los sacramentos a fieles católicos que tengan las debidas disposiciones para recibirlos.[85] La *salus animarum* jamás puede ser sustituida por la *sanitas corporis* como suprema ley de la Iglesia, como si para asistir al Sacrificio del Calvario se pudiera exigir certificado médico, mascarilla de poliéster o pasaporte cóvid. Como dice monseñor Athanasius Schneider con palabras que hacen reflexionar, muchos sacerdotes católicos «han perdido la perspectiva sobrenatural y quitado la prioridad al bien eterno de las almas».[86] La suspensión de las celebraciones de la Santa Misa en nombre de salud pública ha demostrado que necesitamos urgentemente recuperar la perspectiva sobrenatural para que en nuestros templos siga rindiéndose un culto verdaderamente digno a Dios.[87]

En estos tiempos de amnesia y confusión, la más valiosa contribución será la de quienes no se conformen con admirar de lejos ni con colaborar ocasionalmente a la recuperación y defensa de nuestro patrimonio sagrado, sino quienes se identifiquen personalmente con la verdad y la bondad perennes de dicho legado abrazándolo como su forma de vivir la vida diaria. Los sacerdotes que por principio estén comprometidos a celebrar exclusivamente el rito de siempre no deben cejar en su compromiso por mucho que se los amenace o castigue. Al contrario, deben ser conscientes de que las maniobras destinadas a sofocarlo carecen de validez legal. Ahora que nuestros enemigos han dejado claro que se proponen acabar con nosotros tienen que entrar en juego los clásicos principios jurídicos de legítima defensa, la resistencia proporcionada y la invalidez de los castigos injustos.

Es posible que algunos sacerdotes se las arreglen para eludir o incumplir leyes injustas (promulgadas por las autoridades eclesiásticas o por las civiles) durante años o incluso décadas, mientras que otros serán delatados o amonestados. Puede que sus superiores los suspendan o los destinen a otro sitio; que los suspendan de empleo y sueldo; hasta podrían excomulgarlos, si bien esto es más improbable. En todo caso, deben tener presente que en tanto que el único motivo por el que se les apliquen esas medidas disciplinarias sea su adhesión por principio a los ritos tradicionales de la Iglesia de Roma, esas sanciones serán nulas de derecho y podrán seguir ejerciendo su ministerio sacerdotal.[88] Con otro papa u obispo, se impondrán normativas más saludables y podrá compensárseles y corregirse los abusos burocráticos.[89] Precisamente porque, como dice el cardenal Burke, «al buen pastor se le puede reconocer porque se preocupa más por la salvación de almas que por congraciarse con sus superiores con un servil *buen comportamiento*».[90] Los sacerdotes valientes y los anulados no tardarán en encontrar el apoyo generoso de laicos agradecidos que se les unirán para defender sus templos, atender a sus necesidades materiales y, en el peor de los casos, proporcionarles un lugar digno donde celebrar la Misa. Como recordé en otra ocasión,

> «el culto católico tradicional y la forma de vida que sustenta fueron rescatados a finales de los años sesenta y durante los setenta por sacerdotes y laicos que

> estuvieron dispuestos a hacer ni más ni menos eso, y nada menos que a permanecer fieles a lo que sabían que era verdadero. En un principio se trató de una minoría exigua que lo mantuvo vivo y lo difundió de boca en boca por todo el mundo. En muchos casos se vieron obligados a hacerlo fuera de los cauces oficiales de la Iglesia; mejor dicho, sorteando las ficciones jurídicas de clérigos que se autopromocionaban junto con su suicida *renovación*. Estuvieron por un tiempo abandonados, pero por nada del mundo iban a renunciar a tener la conciencia tranquila, mantener la integridad católica, una pastoral fructífera y el consuelo espiritual a cambio de un sistema corrupto y corrosivo [91].

El sacerdote tradicional podrá seguir adelante con la conciencia tranquila sabiendo que en su misma persona hay un vínculo entre el pasado y el futuro mientras comunica por medio de su ministerio el valioso don que recibió y por el que un día lo elogiarán con estas palabras: «¡Bien! siervo bueno y fiel; en lo poco has sido fiel, te pondré al frente de lo mucho; entra en el gozo de tu señor» (Mt.25,21). Lo cierto es que, por su perseverancia ante una jerarquía corrupta, esos sacerdotes serán modelo de mayor santidad en otros y se incluirán en la noble compañía de los primeros héroes del sacerdocio, aquellos que se regocijaron de haber sido considerados dignos de padecer por la verdad de Cristo.[92]

Lo habitual será que los modernos, herederos de un incoherente liberalismo totalitario, oscilen entre despreciar toda autoridad y la ciega sumisión a cualquier autoridad que sigan reconociendo. Ya no existe una red de autoridades que a diversos niveles forme una constelación de puntos de referencia dentro de la cual cada cristiano pueda ofrecer su obediencia a Dios y a la jerarquía que de Él procede.[93] Con harta frecuencia la autoridad se pervierte convirtiéndose en una voluntarista y arbitraria caricatura de sí misma; la obediencia a semejante sustituto de sí misma es en sí una caricatura. No tiene nada de virtuoso someterse a lo que se sabe que es falso, ni hay mérito alguno en acatar lo que manda un sistema erigido sobre errores y mentiras.[94] Recordemos lo que dijo el célebre converso del anglicanismo Hugh Ross Williamson en 1970 en su contundente librito *The Great Betrayal:*

> Al prohibir este rito, nuestros obispos nos exigen *obediencia.* Ahora bien, sin duda saben que la mayor prioridad está en obedecer a la conciencia y que no se puede exigir que se obedezca algo que está mal. En el ámbito castrense, un soldado no puede alegar obediencia a un superior para cometer un delito. Lo que los obispos llaman obediencia es una reglamentación mecánica. Tal es la obediencia de los sacerdotes apóstatas de la primera Reforma a sus prelados también apóstatas, entre los que sólo hubo uno que defendió la Fe: San Juan Fisher. En este momento, no hay un San Juan Fisher.
>
> Defender a la Iglesia en esta enorme traición por parte de los eclesiásticos es una tarea en la que los laicos tienen que tomar el relevo con las medidas que ya se están tomando en algunos lugares: conseguir un

> sacerdote que diga la Misa Tridentina y destinar a su mantenimiento el dinero que dedicaban a su parroquia. Al tener que volver a las catacumbas, la Misa se puede celebrar en casas particulares.
>
> No cabe censura alguna para esto. Para estos casos fue para lo que San Pío V decretó a partir de entonces «ningún sacerdote ha de estar obligado a celebrar la Misa en forma distinta a la establecida». A la larga, sería imposible tildar de cismáticos a quienes han seguido celebrando según un rito de la Misa santificado por siglos de uso. Los cismáticos serían los ecuménicos.[95]

Estamos peor que en 1970. Hoy la heterodoxia y la corrupción se han agravado muchísimo más, aunque por otro lado estamos mejor, ya que muchísimos más se han dado cuenta y han vuelto decididamente a la Tradición. Incluso hay en la jerarquía algunos obispos con el carácter de San Juan Fisher. En este aspecto, yo añadiría que los argumentos expuestos en este librito no sólo afectan los sacerdotes, sino también a los obispos y los cardenales. Ellos también están obligados a hacer valer los irrevocables derechos de una tradición y un venerable culto católico que se remontan a tiempos inmemoriales y los derechos de los fieles de Cristo de toda condición. No hay autoridad en este mundo, ni siquiera la del Papa, que pueda eximirlos de esa obligación que tienen para con Dios.[96]

Los datos demuestran que en los más altos niveles de la jerarquía eclesiástica nos encontramos ante una nueva *pornocracia,* gobierno integrado por una cantidad considerable de matones malintencionados de mente obtusa, ruines y vengativos a los que tienen sin cuidado la teología, la historia, la Tradición, el derecho canónico y todo lo que no sea su propia ideología, la cual con demasiada frecuencia es fácilmente reconocible por su descolorido tono lavanda. Por eso son insensibles a los argumentos y no hacen caso de la bondad, la equidad, la justicia, la misericordia y las peticiones, aunque estén respaldadas por millones de firmas. Y por eso hay que hacerles frente negándose en redondo a acatar sus destructivas exigencias. Toda sanción que promulguen carecerá de valor legal, como habrá de reconocer un futuro pontífice o concilio. Es más, negarnos a cambiar de conducta ante su refinado avasallamiento puede resultar una demostración de auténtica y sentida caridad; de un sincero amor a los pastores de la Iglesia que no está dispuestos a aceptar que los custodios de la Tradición pongan en peligro la salvación de su alma y las de los demás, abusando de su autoridad en detrimento de los sagrados tesoros que se les han confiado.

Mientras tanto, la conciencia tiene que cumplir con su deber sin dejarse sofocar por un engañoso abuso de la obediencia, noble virtud que algunos arrastran con frecuencia por el fango explotándola. De esa manera también harán resaltar la obediencia en su forma más sublime, hermosa y radical por amor a Dios: obediencia a la verdad por amor al bien.

Otras lecturas

A fin de no dar una longitud excesiva al presente librito, me he visto obligado a resumir muchos temas complejos, limitándome a exponer los puntos más destacados. Podría ser que ello suscitara más interrogantes que respuestas en algunos lectores. Enumero a continuación una serie de libros y artículos a modo de guía que permita entender con mayor amplitud y profundidad el estado actual de la Iglesia Católica y diversos temas controvertidos de los que se habla en las páginas anteriores. Los artículos mencionados se pueden encontrar fácilmente en internet.

Sobre el estado de la Iglesia en general, recomiendo encarecidamente el libro-entrevista a monseñor Schneider *Christus vincit: el triunfo de Cristo sobre la oscuridad de la Iglesia* (Ediciones Parresía, 2020). Su Excelencia hace un repaso general de la historia de la Iglesia actual, el Concilio Vaticano II, el mundo postconciliar y el pontificado de Francisco, proporcionando el contexto completo de los argumentos que expone. El artículo

Bishops Unbound, de Bronwen McShea (*First Things*, enero de 2019) diagnostica una de las raíces del colapso que atraviesa la vida de la Iglesia describiendo el paso de un gobierno más diferenciado y extendido a un papel destacado de los laicos, hasta llegar a una concentración cada vez mayor de autoridad efectiva en las manos de los prelados y por último de un papa que los nombra y maneja a todos. Además del artículo de McShea, conviene leer Is *It Time to Abolish the USCCB?*, de Leila Marie Lawler (*Crisis Magazine*, 16 de septiembre de 2019), *Hierarchy as Middle Managment*, de Darrick Taylor (*Crisis Magazine*, 29 de septiembre de 2021) y *The Divide Between the Bishops and the Faithful*, de Eric Sammons (*Crisis Magazine*, 1 de octubre de 2021).

En *Love for the Papacy and Filial Resistance to the Pope in the History of the Church* (Angelico, 2019), Roberto de Mattei defiende la legitimidad de criticar a los romanos pontífices y disentir de ellos e incluso enfrentárseles, y cita abundantes ejemplos históricos. En la colección de ensayos, Are Canonizations Infallible? *Revisiting a Disputed Question* (Arouca 2021), diversos autores comentan la naturaleza y los límites de la infalibilidad pontificia y el candente tema de hasta qué punto se puede confiar en la *fábrica de santos* de estas últimas décadas. Para lo referente a la cuestión de si un papa puede incurrir en herejía, se puede consultar Can *a Pope Be ... a Heretic? The Theological Hypothesis of a Heretical Pope* (Caminhos Romanos, 2018), de Arnaldo Xavier da Silveira; en, *Can Documents of the Magisterium of the Church Contain Errors?* (The American TFP, 2015), el mismo autor merece igual atención, así como el capítulo 10 de *El cambio de paradigma del papa Francisco* (de publicación independiente, 2018), que tiene además la ventaja de citar extensamente la hiperpapista opinión de acólitos identificados del bergoglianismo, cuya lectura resulta francamente chocante. Sin lugar dudas, la publicación más importante que documenta y analiza los numerosos errores abrazados y propuestos por el papa Francisco es la colección *Defending the Faith Against Present Heresies*, dirigida por John R.T. Lamont y Claudio Pierantoni (Arouca, 2021).

Se puede afirmar que el concepto de obediencia ha resultado perjudicado por la influencia de ideas jesuíticas: véase John R.T. Lamont, *Tyranny and Sexual Abuse in the Catholic Church: A Jesuit Tragedy*, Rorate Caeli, 27 de octubre de 2018. Una versión más completa de dicho artículo se expuso en una conferencia pronunciada en Nueva York el 4 de abril de 2014 con el título *The Catholic Church and the Rule of Law*, la transcripción de la cual se publicó el 8 de mayo en dos partes en el blog de la Sociedad de San Hugo de Cluny. Recomiendo igualmente el opúsculo *Faithful Children of the Church: Catholic Obedience in Times of Apostasy* (Fundación Lepanto, Roma 2018; se puede conseguir a través de Voice of the Family). Contiene artículos de Roberto de Mattei, el P. Toger-Thomas Calmel OP y el profesor Plinio Corrêa de Oliveira.

A quien vaya a leer un solo libro sobre la Misa, le recomiendo *The Traditional Mass: History,Form, and Theology of the Classical Roman Rite* (Angelico, 2020) de Michael Fiedrowicz. Para una explicación de la superioridad del rito tridentino con respecto al Novus Ordo en todos los niveles y aspectos, véase el libro de mi autoría *Our Roman Catholic Birthright: The Genius and Timeliness of the Traditional Latin Mass* (Angelico, 2020). Sobre la ruptura entre el rito antigu y el nuevo, véase *In Defence of the Roman Mass* (Te Deum Press, 2020), del P. Raymond Dulac, y, si se prefieren textos más breves, mi artículo *Discovering Tradition: A Priest's Crisis of Conscience,*OnePeterFive, 27 de marzo de 2019. Un buen resumen de las contradicciones internas provocadas por el pontificado de Francisco a todo sacerdote católico que no haya perdido la fe se puede ver en *A Sense of Pastoral Betrayal: The Burden Papal Novelties Lay on Parish Priests*, del P. Timothy Sauppé, OnePeterFive, 12 de enero de 2021. Aconsejo buscar la Coalition for Canceledn Priests .

Los lectores atentos observarán que en las notas a este opúsculo cito bastante el libro *From Benedict's Peace to Francis's War: Catholics Respond to the Motu Proprio Traditionis Custodes on the Latin Mass* (Angelico, 2021). Este indispensable material reúne setenta de los más excelentes comentarios al decreto pontificio, escritos por cuarenta y cinco autores de doce países.

Notas

1 Texto disponible en www.columbia.edu/acis/ets/CCREA-Detscc/kant.html.

2 Texto disponible en www.pathsoflove.com/aquinas/perfection-of-the-spiritual-life.html.

3 Con todo, hay que tener cuidado a la hora de interpretar y aplicar las enseñanzas de dichos maestros hoy en día. Véase mi artículo *Sun, Moon, and Stars: Tradition for the Saints,* OnePeterFive, 3 de febrero de 2021. Los consejos espirituales de algunos santos de otras épocas (que con frecuencia equivalen a aceptar sin rechistar todo lo que mande el superior) se apoyaban en cosas que aquellos santos podían dar por sentadas: aceptación general del dogma católico, respeto a la tradición de la Iglesia, veneración de la liturgia recibida, aceptación de la función de las bellas artes, etc. Hoy en día, ¡ya podemos dar gracias a Dios si se puede contar con una fe elemental en Cristo Redentor!

No podemos pasar por alto el contexto histórico en el que tratamos de entender y vivir la virtud de la obediencia. No podemos seguir consejos de hace tres o cuatro siglos que habitualmente iban dirigidos a religiosos consagrados con voto de obediencia y aplicárnoslos como si fueran un molde de cocina y nosotros masa para hornear, o como si fueran un estarcido y nosotros un papel en blanco. Si se tiene por superior a un modernista, hace falta discernimiento para saber cuáles de sus órdenes pueden estar contaminadas de modernismo o pueden derivarse de éste (en caso de duda, habría que juzgar en base a lo que sea más probable). La obediencia ciega a un liberal, progresista o modernista sería ipso facto un pecado contra la fe, contra la verdad y contra la caridad, que ama a Dios en primer lugar y sobre todas las cosas.

Cierto es que se puede aceptar una injusticia contra uno mismo como un acto de sufrimiento expiatorio; lo que no está permitido es quedarse cruzado de brazos ante las injusticias que se cometen contra otros (siempre y cuando esté en nuestro poder impedirlas o intervenir en alguna medida), y por encima de todo no podemos dejar que se trate a Nuestro Señor impropia o irrespetuosamente (¡pensemos en la manera en que se maltrata al Santísimo Sacramento en muchas iglesias y liturgias!). Cuando están en juego los derechos de Dios, no podemos ofrecer como un sacrificio el mal y desentendernos, mucho menos aprobarlo o hacerlo.

4 Sobre las consecuencias antropológicas y litúrgicas de Cristo Eterno Sumo Sacerdote y los ministros de la Iglesia como instrumentos visible de Él, ver mi libro *Ministers of Christ: Recovering the Roles of Clergy and Laity in an Age of Confusion* (Manchester, NH: Crisis Publications, 2021).

5 Del mismo modo, si prescindimos de la obediencia, eclipsaremos la permanencia y objetividad del bien amado y socavaremos el compromiso para con él; al eliminar la obediencia se niegan los derechos soberanos de la verdad sobre la mente.

6 Esta doctrina encuentra su más clara expresión en los textos de San Juan. Ver Jn 14,15–21: «Si me amáis, conservaréis mis mandamientos. Y Yo rogaré al Padre, y Él os dará otro Intercesor, que quede siempre con vosotros, el Espíritu de verdad, que el mundo no puede recibir, porque no lo ve ni lo conoce; mas vosotros lo conocéis, porque Él mora con vosotros y estará en vosotros. No os dejaré huérfanos; volveré a vosotros. Todavía un poco, y el mundo no me verá más, pero vosotros me volveréis a ver, porque Yo vivo, y vosotros viviréis. En aquel día conoceréis que Yo soy en mi Padre, y vosotros en Mí, y Yo en vosotros. El que tiene mis mandamientos y los conserva, ése es el que me ama; y quien me ama, será amado de mi Padre, y Yo también lo amaré, y me manifestaré a él» Jn.15, 14: «Vosotros sois mis amigos, si hacéis esto que os mando». Ver también 1 Jn,2,3–6 y 3,23–24.

7 James Butler, *The Most Rev. Dr. James Butler's Catechism,* en *The Tradivox Catholic Catechism Index*, ed. Aaron Seng (Manchester, NH: Sophia Institute Press, 2021), 4:46–47.

8 Como sostiene Santo Tomás, la virtud de la prudencia interviene en todo acto libre. Si no siempre nos damos cuenta de que hacemos un juicio prudencial sobre algo que se nos propone hacer es porque en muchos casos es cosa de un instante; cuando, por ejemplo, lo que nos mandan es algo de poca monta que no requiere intencionalidad, o nos entendemos tan bien con otra persona que normalmente hacemos lo que nos dice sin parar a meditarlo. Aun así, toda orden o petición conlleva un razonamiento, apoyándonos en el cual vemos que es algo que podemos y debemos hacer, aunque no reparemos en dicho razonamiento prudencial hasta que surja algún inconveniente que nos haga pensar.

9 No es necesario que el mandato de un superior sea virtuoso para que merezca ser obedecido. Supongamos que un obispo cambiar de parroquia a un párroco porque le irrita su popularidad o tiene envidia de su éxito, o porque podrá recaudar más dinero para la diócesis en un lugar que de otro modo no le convendría. En circunstancias normales, habría que aceptar decisiones así, aunque se sospeche de motivos menos virtuosos o éstos sean incluso evidentes. Lo que opino simplemente es que no tiene que haber pruebas o sospechas fundadas de que la decisión del superior apunte a la ruina espiritual o física del subordinado o de la iglesia local o universal. Es el mínimo de buena voluntad que se supone en una estructura viable de autoridad y obediencia.

10 Santo Tomás explica: «De ahí que también los actos, sobre todo si se repiten hasta volverse costumbre, pueden llevar a cambiar y explicar la ley. Así también puede llegar a arraigar y adquirir fuerza de ley algo mediante la repetición de actos externos que declaren el movimiento eterno del ánimo y conceptos de la razón. Pues cuando una cosa se hace muchas veces parece fruto de un juicio deliberado de la razón. En consecuencia, la costumbre tiene fuerza de ley y deroga e interpreta la ley» (*Suma teológica,* I-II, Q. 97, art.3). Para una explicación más detallada, ver *The Legality of the Old Rite* en *The Rad Trad,* 25 de octubre de 2018.

11 No es una cuestión meramente teórica. Parece ser que el papa Francisco ha mentido adrede en cuanto a los resultados del sondeo a los obispos sobre *Summorum Pontificum.* Ver Diane Montagna, *Traditionis Custodes: Separating Fact from Fiction,* en *The Remnant,* 7 de octubre de 2021.

12 Massimo Viglone lo ha expresado magistralmente: «La obediencia—y esto es un error que hunde profundamente sus raíces en

la misma Iglesia preconciliar, todo hay que decirlo—no es un fin. Es un medio de santificación. Por lo tanto, no es un valor absoluto sino instrumental. Si está ordenada a Dios, es un valor positivo; muy positivo. Mientras que, si se obedece a Satanás o a sus secuaces, o se sigue el error o la apostasía, la obediencia deja de ser un bien para convertirse en una deliberada participación en el mal» (*They Will Throw You out of the Synagogues [Jn. 16,2]: The Hermeneutic of Cain's Envy against Abel*, en *From Benedict's Peace to Francis's War: Catholics Respond to the Motu Proprio Traditionis Custodes on the Latin Mass* [Brooklyn, NY: Angelico Press, 2021], 110).

13 *The Virtue of Obedience*, en *First Things online*, 23 de julio de 2021. Al citar a Chaput no es mi intención aprobar globalmente sus decisiones pastorales (véase, por ejemplo, Michael Davies, *Liturgical Time Bombs in Vatican II* [Rockford, IL: TAN Books, 2003], 52–54).

14 Véase ST II-II, Q. 104, art. 1. V. entre otros Leo XIII, *Diuturnum Illud* 11 y 17; *Immortale Dei* 18; *Libertas praestantissimum* 13.

15 See ST II-II, QQ. 104 and 105.

16 ST II-II, Q. 104, art. 5, sed contra.

17 Ibid., corpus.

18 Ibid., ad 2.

19 Ibid., ad 3.

20 ST II-II, Q. 105, art. 2.

21 Como hace tantas veces en sus encíclicas sociales, León XIII corrobora aquí la doctrina de Santo Tomás en su tratado sobre la ley. Véase, por ejemplo, ST I-II, Q. 96.

22 Las aclaraciones y parte del vocabulario de los párrafos que siguen los debo al Dr. Jeremy Holmes, a quien aprovecho para agradecerle de corazón. Más detalles sobre los puntos aquí

enumerados se pueden ver en su posteo *How formal authority works*, en *New Song*, 21 de octubre de 2021, http://drandmrsholmes.com/blog/2021/10/21/how-authority-works-2/.

23 Es trágico que la expresión *bien común*, al igual que palabras como *obediencia* y *conciencia*, hayan sido objeto de tanto abuso en las últimas décadas que actualmente poco menos que resultan sospechosas. Alguien podría afirmar, por ejemplo, que el bien común de la Iglesia exige una liturgia común, o sea un único Misal Romano (sobre esta falsa afirmación, ver los artículos de Joseph Shaw en *How formal authority works*, en *New Song*, octubre de 21, 2021, http://drandmrsholmes.com/blog/2021/10/21/how-authority-works-2/. Es preciso resistir este fraude semántico e insistir en asignar el correcto sentido tradicional a los vocablos; evitar la novedad de los vocablos, como decía San Pío X en la gran encíclica antimodernista *Pascendi Dominici gregis*. Por lo que se refiere al concepto de bien común, véanse las explicaciones de P. Edmund Waldstein, *The Good, the Highest Good, and the Common Good* y Peter A. Kwasniewski, *The Foundations of Christian Ethics and Social Order*, en *Integralism and the Common Good: Selected Essays from The Josias*, vol. 1: *Family, City, and State* (Brooklyn, NY: Angelico Press, 2021), 7–48, especialmente 22–30 and 39–46.

24 En el posteo mencionado dos notas más arriba el Dr. Holmes llega a la misma conclusión: «El mandato de la autoridad sólo es vinculante porque la razón humana permite entender el peso del bien común que subyace tras dicho mandato. Cuando el mandato perjudica al bien común de una manera en que a la razón no le cabe la más mínima duda, el mandato pierde toda fuerza moral. La obediencia siempre se basa en el modo en que la razón percibe el bien. No es arbitraria ni ciega.

25 Más argumentos en apoyo de esta tesis se pueden encontrar en mi conferencia *Beyond 'Smells and Bells': Why We Need the Objective Content of the Usus Antiquior*, en *Rorate Caeli*, 29 de noviembre de2019.
26 *The Liturgical Year*, vol. 1: Advent, trans. Dom Laurence Shepherd (Great Falls, MT: St. Bonaventure Publications, 2000), 1–2, 8, 16; el destacado es nuestro.
27 *John Henry Newman on Worship, Reverence, and Ritual: A Selection of Texts*, ed. Peter A. Kwasniewski (n.p.: Os Justi Press, 2019), 442.
28 Véase *The Problem of False Antiquarianism* en mi libro *Reclaiming Our Roman Catholic Birthright* (Brooklyn, NY: Angelico Press, 2020), 149–60. Sea como sea, el arqueologismo no era otra cosa que una cómoda excusa para los reformadores litúrgicos modernos, ya que, como se vio después, revocaron o diluyeron muchos elementos indiscutiblemente antiguos del Rito Romano, en buena medida redactados en las fuentes antiguas que consultaron e introdujeron numerosas novedades descaradas para hacerlas pasar por algo que debieron de hacer los primeros cristianos. No ha habido nada tan fraudulento o engañoso como la invocación postconciliar a la antigüedad.
29 *Concilii Vaticani II Synopsis in ordinem redigens schemata cum relationibus necnon Patrum orationes atque animadversiones. Constitutio de Sacra Liturgia Sacrosanctum Concilium*, ed. Francisco Gil Hellín (Ciudad del Vaticano: Libreria Editrice Vaticana, 2003), 828.
30 *The Holy Sacrifice of the Mass Dogmatically, Liturgically, and Ascetically Explained* (St. Louis: Herder, 1949), 261.
31 Gihr, Holy Sacrifice, 581.
32 Es propio del culto divino que los fieles den culto a Dios según ritos transmitidos por Él, por la Iglesia, por los santos.

Esta principio se observa tanto en el Antiguo Testamento (por ejemplo, «Mira que lo hagas según modelo que te ha sido mostrado en el monte» Ex. 25,40; «No trasplantes los hitos antiguos, los que plantaron tus padres.» (Prov. 22,28), como en el Nuevo («Os trasmití ante todo lo que yo mismo recibí» 1Cor. 15,3; «Estad firmes y guardad las enseñanzas que habéis recibido, ya de palabra, ya por carta nuestra», 2 Tes. 2,14). Quienes establecen una distinción entre primario y secundario o entre esencial y accidental suelen entender muy erróneamente y no se dan cuenta de que en realidad apoyan la Tradición en vez de desecharla como algo carente de valor. He hablado de ello en muchas ocasiones: por ejemplo, el capítulo *The Charge of Aestheticism* en *Reclaiming Our Roman Catholic Birthright*, 193–204, y mi artículo *How Much Can the Pope Change Our Rites and Why Would He?*, en *OnePeterFive*, 20 de octubre de 2021.

33 *From Benedict's Peace to Francis's War*, 104–5.

34 V. *An Interview with His Excellency Bishop Vitus Huonder*, en sspx.org, sección News and Events, 1 de octubre de 2001. En otro momento de la misma entrevista afirma: «La Fe se da , está por encima de toda autoridad, o más bien toda autoridad está subordinada a la autoridad de la Fe, lo que significa que, en últimas, está subordinada a la autoridad de Nuestro Señor, porque la fe proviene del Señor. Y toda autoridad habrá de darle cuentas a Él. (…) Repito: la Fe la da el Señor, por medio de los Apóstoles que la transmitieron, y a esa Fe estamos obligados. En buena medida, esto es lo que falta hoy en día en la Iglesia, y eso es lo que pone en peligro la unidad».

35 Adrian Fortescue, *Liturgy of the Mass*, en *The Catholic Encyclopedia, special ed.* (New York: The Encyclopedia Press, 1913), 9:800.

36 Para más detalles sobre este punto, véase mi artículo *Surprising Convergences between an Anti-Catholic Textbook and the Liturgical Reform*, en *New Liturgical Movement*, 5 de agosto de 2019.

37 *From Summorum Pontificum to Traditionis Custodes, or From the Reserve to the Zoo*, en fsspx.news, 19 de julio de 2021.

38 Abordo este tema en profundidad en mi conferencia *The Pope's Boundedness to Tradition as a Legislative Limit*, en *From Benedict's Peace to Francis's War*, 222–247.

39 El texto completo del juramento en latín y en inglés se puede encontrar en *'I Shall Keep Inviolate the Discipline and Ritual of the Church': The Early Mediæval Papal Oath*, en *Canticum Salomonis*, 31 de julio de 2021.

40 Suárez, *De Fide*, disp. X, sect. VI, n. 16. El lector debe tener presente que tanto Suárez como otros que se expresan de modo similar reaccionaban contra la desfiguración que hacían los protestantes de una autoridad pontificia absolutista que paradójicamente se volvió habitual entre los católicos después del Concilio Vaticano I.

41 *De Caritate*, disp. XII, sect. 1: «Si nollet tenere cum toto Ecclesiae corpore unionem et conjunctionem quam debet, ut si tentaret totam Ecclesiam excommunicare, aut si velet omnes ecclesiasticas caeremonias apostolica traditione firmatas evertere». Es importante señalar que en lo que se refiere a los elementos más antiguos de la liturgia, en muchos casos no tenemos forma de saber (y puede que nunca sepamos) qué ritos concretos han sido instituidos por la Iglesia y cuáles son de institución divina, apostólica o subapostólica; de ahí que sea vital no eliminar ninguno. Se podría invocar la sensatez de varios obispos del siglo XIX que explicaron la invalidez del rito anglicano. Después de decir lo que podían añadir a la liturgia las iglesias locales o

regionales para enriquecer o embellecer la liturgia, señalan: «No conocemos el menor fundamento histórico para que se pudiera proponer que se suprimieran algunas oraciones y ceremonias que estaban en uso, y nos parece verdaderamente increíble. (...) Si nos ceñimos al rito que se nos ha transmitido siempre estaremos seguros; en cambio, si omitimos o alteramos algo, es posible que abandonemos algún elemento esencial». Ver *A Vindication of the Bull "Apostolicæ Curæ"* (London: Longmans, Green, and Co., 1898), 44, 42.

42 S. Atanasio, *Encíclica,* traducción de M. Atkinson and Archibald Robertson, *Nicene and Post-Nicene Fathers, Second Series,* vol. 4, ed. Philip Schaff y Henry Wace (Buffalo, NY: Christian Literature Publishing Co., 1892), corregido para *New Advent* por Kevin Knight; el destacado es mío. Al hablar de ritos, San Atanasio se refiere a las costumbres del culto público, la *lex orandi.*

43 Según las memorables palabras del *Conmonitorio* de San Vicente de Lerins, cap.2, nº7, «¿Qué hará [el cristiano católico] si una dolencia novedosa contagia, no digamos a una porción insignificante de la Iglesia, sino a la totalidad? Se esforzará por no apartarse de lo antiguo, de lo que hoy es imposible de dejarse seducir por el fraude de lo novedoso». Se sabe con certeza que la liturgia romana recibida es plena y auténticamente católica. No se puede aplicar la misma certidumbre a productos del *Consilium* de Annibale Bugnini, con sus horrendas novedades y su arbitrario arqueologismo. Aducen los críticos de la Misa Tradicional que algunas de las costumbres más familiares de ésta, como comulgar en la lengua y arrodillados, son un apartamiento de la *tradición* anterior y socavan con ello la afirmación de que esta Misa es la más tradicional. Este argumento no es serio. Las costumbres más recientes surgieron como es

natural a partir de costumbres más antiguas desarrollando sus lógicas consecuencias: así pues, hacerse más hincapié en el misterio de la transustanciación y la Presencia Real dio lugar a cada vez mayores muestras de reverencia. La Tradición no se abandonó; profundizó conforme la Iglesia avanzaba de una forma buena de hacer las cosas a otra mejor; ya sea en sentido absoluto (como arrodillarse para comulgar en la boca, que en Occidente es señal de adoración y humildad, o en sentido relativo por razones pastorales legítimas (como comulgar sólo bajo la especie del pan). Lejos de ser la evocación simplista de un momento cualquiera de la historia, las palabras de San Vicente tienen en cuenta las consecuencias lógicas de la fe de la Iglesia.

44 *Mitre & Crook* (Brooklyn, NY: Angelico Press, 2019), 117.

45 *From Benedict's Peace to Francis's War,* 220. El P. John Hunwicke comenta: «Más que muchos cuerpos eclesiales, la Iglesia Católica posee un sentido muy arraigado del derecho. De ahí que muchos católicos subestimen fácilmente la fuerza de la *auctoritas* [la autoridad inherente a algo que goza de amplia y duradera aceptación]. Pero Benedicto XVI invocó directamente la *auctoritas* cuando declaró: «Lo que para las generaciones anteriores era sagrado, también para nosotros permanece sagrado y grande, y no puede ser improvisado y totalmente prohibido o incluso perjudicial.» (íbid., 33).

46 *On the Credibility of the Catholic Church,* en *From Benedict's Peace to Francis's War,* 296; la cita interna está tomada de la carta Benedicto XVI a los obispos del 7 de julio de 2007.

47 Ver mi artículo *Does Traditionis Custodes Lack Juridical Standing?,* en *From Benedict's Peace to Francis's War,* 74–78.

48 *From Benedict's Peace to Francis's War,* 168.

49 V. Joseph Shaw, *St. Pius V and the Mass*, en *Voice of the Family*, 6 de octubre de 2021.

50 «San Pío V no creó una serie de libros litúrgicos nuevos; lo que hizo fue codificar lo más minuciosamente posible la costumbre histórica de la Iglesia de Roma, una *lex orandi* que expresaba en su plenitud la Fe católica que en aquel momento era objeto de ataque por parte de los protestantes. Fijó solemnemente este rito de la Misa como *regula fidei* en su constitución apostólica *Quo primum* del 14 de julio de 1570. Esta bula la publicaron en ediciones sucesivas del Misal los papas que le sucedieron en señal de continuidad de la *lex orandi*, precisamente para que la *lex credendi* se pudiera mantener y transmitir en su plenitud.» *(Does Traditionis Custodes Lack Juridical Standing?*, en *From Benedict's Peace to Francis's War*, 75). Un documento meramente disciplinario sustituye sus equivalentes previos por el solo hecho de ser publicado, y esto explica por qué un documento nuevo de este tipo nunca reproduce el contenido del decreto anterior al que sustituye. La opinión que sostiene que *Quo primum* es un documento de índole moral y pastoral fue propuesta y defendida por el P. Gregory Hesse; un resumen de ella se puede encontrar en Michael Baker, *The Status of the Novus Ordo Missae*, en *Super Flumina Babylonis*, 21 de febrero de 2021. Que yo cite el texto de Baker no quiere decir que esté de acuerdo con sus conclusiones, como tampoco lo estoy con todas las de Hesse.

51 S. Pío V, *Quo primum*; el texto lo he tenido que buscar en internet, pues no figura en el portal de la Santa Sede. Hay que señalar que ni más ni menos el mismo argumento que el que se aplica al Misal Romano se puede y debe aplicar a todos los ritos y ceremonias tradicionales que contienen el Misal

Romano y el Pontifical Romano. Todos estos libros constituyen la auténtica *lex orandi* de la Iglesia de Roma y expresan su *lex credendi*.

52 Algunos dicen que no es más que algo así como un texto estándar del Papa y que cosas así se encuentran en muchos documentos que establecen algo que más tarde es derogado.

Sí y no. No sólo hay que fijarse en el lenguaje empleado, sino en la naturaleza de las cosas de las que se habla con ese lenguaje.

53 Véase la bula *Iniunctum Nobis* de 1564 promulgada por Pío IV, predecesor de S. Pío V.

54 Para una defensa a fondo, véase la conferencia mía a la que aludí en la nota 25, *Beyond smells and bells*, así como las tituladas *Two 'Forms' of the Roman Rite: Liturgical Fact or Canonical Fiat?* (Rorate Caeli, 14 de septiembre de 2020) y *Beyond Summorum Pontificum: The Work of Retrieving the Tridentine Heritage* (Rorate Caeli, 14 de julio de 2021).

55 En una entrevista radiofónica concedida a Carlos Herrera en la cadena COPE, Francisco afirmó: «Después de este motu proprio, un sacerdote que quiera celebrar no está en las condiciones de los otros—que era por nostalgia, por deseo, etc—y ahí sí tiene que pedir permiso a Roma.». Y en una conversación con jesuitas en Eslovaquia, dijo: «A partir de ahora, quienes deseen celebrar según el *vetus ordo* deberán pedir permiso, como se hace con el birritualismo».

56 Monseñor Schneider lo dijo sin tapujos: «Que cada vez se extienda más la celebración de la Misa Tradicional demuestra palpablemente que, si se examina objetiva y detenidamente, en cuanto a liturgia y doctrinal hay una auténtica ruptura entre ambos ritos». Médias-Presse-Info, 24 de septiembre de 2021.

57 El nuevo misal de Pablo VI contiene alarmantes semejanzas con el rito de Cranmer, como se puede observar a la primera haciendo una comparación imparcial. Se pueden encontrar gráficos útiles para ello en www.whispersofrestoration.com/chart and www.lms.org.uk/missals.

58 William Lilly, *England (Since the Reformation)*, en *The Catholic Encyclopedia*, special ed. (New York: The Encyclopedia Press, 1913), 5:449. Información detallada y esclarecedora sobre la revolución litúrgica inglesa del siglo XVI se puede encontrar en Michael Davies, *Cranmer's Godly Order: The Destruction of Catholicism through Liturgical Change*, rev. ed. (Ft. Collins, CO: Roman Catholic Books, 1995).

59 *El sensus Fidei en la vida de la Iglesia*, n.º 61–62.

60 Íbid., n.º 63. El documento cita otros textos de Santo Tomás de Aquino que merecen seria consideración. Más comentarios se pueden encontrar en Roberto de Mattei, *Resistance and Fidelity to the Church in Times of Crisis*, en ídem, *Love for the Papacy and Filial Resistance to the Pope in the History of the Church* (Brooklyn: Angelico Press, 2019), 105–30. Desgraciadamente, como suele suceder con los documentos vaticanos actuales, el penúltimo párrafo (§127) es una vomitiva oda al *nuevo pentecostés* del Concilio y los nuevos métodos de Francisco. *Aliquando bonus Homerus …*

61 V. John Clark, *Without the Right of Conscience, There Is No Common Good*, en *Crisis Magazine*, 28 de septiembre de 2021. Rubén Peretó Rivas dice: «Hay un principio general de la ley natural que se aplica a toda autoridad: las órdenes tienen que ser razonables. Si una orden no está regida por la razón, ya no es ley sino fuerza y violencia. Y aunque nadie en este mundo puede juzgar al Papa, es posible resistirse a sus mandatos cuando son palpablemente irracionales. Si, por ejemplo, al Sumo Pontífice

no le cayera bien la gente de raza negra, no podría eliminar las diócesis de África; como tampoco podría crear obispos a todos los varones de su familia para dar lustre a los Bergoglio. Si no le gustan el *kibeh* y la *sfiha*, no podría acabar con el rito maronita. Podríamos seguir poniendo ejemplos de cosas irracionales que no puede hacer un papa. Si llegase a hacerlo, sería lícito, aunque no obligatorio, resistirlo» (*From Benedict's Peace to Francis's War*, 294).

62 John Henry Newman, *Arians of the Fourth Century*, Note 5: *The Orthodoxy of the Body of the Faithful during the Supremacy of Arianism*(www.newmanreader.org/works/arians/note5.html). Se puede leer más en la conferencia del cardenal Walter Brandmüller *On Consulting the Faithful in Matters of Doctrin*, pronunciada el 7 de abril de 2018 en Roma (transcripción completa en www.lifesitenews.com/news/cardinal-brandmueller-talk/).

63 Las palabras de monseñor Carlo Maria Viganò conmueven por su franqueza: «Yo era uno de los muchos que a pesar de las numerosas perplejidades y temores que han resultado perfectamente legítimos confían con ciega obediencia en la autoridad de la jerarquía. En realidad, yo creo que muchos—empezando por mí—al principio no pensamos que pudiera haber conflicto entre obedecer un mandato de la jerarquía y la fidelidad a la Iglesia en sí. Lo que ha puesto de manifiesto esta antinatural—y yo diría que hasta perversa—separación entre la jerarquía y la Iglesia, entre obediencia y fidelidad, ha sido este último pontificado» (A Voice in the Wilderness, ed. Brian M. McCall [Brooklyn, NY: Angelico Press, 2021], 175). Massimo Viglione pone de relieve una debilidad que se da en ciertos ambientes tradicionalistas: «Lo primero que hay que hacer es preocuparse por seguir y defender la Verdad, en vez de la empalagosa, servil

y escrupulosa adulación de un tridentinismo mal entendido» (*From Benedict's Peace to Francis's War*, 110–11).

64 ST I, Q. 79, art. 13.

65 *Letter to the Duke of Norfolk*, citado en el *Catecismo de la Iglesia Católica* (New York: Doubleday, 1995), 1778 [en adelante CCC].

66 *Gaudium et Spes* 16, quoted in CCC 1776.

67 Citado en CCC 1779.

68 CCC 1777, énfasis añadido..

69 *Commentary on John*, trans. J. Weisheipl and F. Larcher (Albany: Magi Books, 1980), ch. 7, lec. 5, n. 1090.

70 Ver Marc D. Guerra, *Thomas More's Correspondence on Conscience, Religion & Liberty*, vol. 10, n. 6, July 20, 2010, www.acton.org/thomas-mores-correspondence-conscience. En su *Comentario a las Sentencias*, dice Santo Tomás (In IV Sent., Dist. 38, Q. 2, art. 4, qa. 3) que el hombre casado debe preferir morir excomulgado antes que tener relaciones maritales con una mujer que un tribunal eclesiástico ha decretado que es su esposa, pero él sabe que no lo es, ya que «no se debe abandonar la fidelidad en la vida, ni siquiera para evitar el escándalo».

71 Un excelente debate tomista sobre cómo interactúa la conciencia con la ley de Dios, por qué es preciso guiarse por ella y nunca se la debe sofocar ni pervertir se puede ver en J. Budziszewski, *What We Can't Not Know: A Guide*, rev. ed. (San Francisco: Ignatius Press, 2011). Véase también la profunda disertación del difunto cardenal Carlo Caffarra *The Restoration of Man*, publicada en *The Catholic World Report*, 20 de septiembre de 2017. Veamos una muestra: «La conciencia dice tajantemente: hay que hacer esto; no se puede hacer aquello. La voz de la conciencia pone al hombre ante la libertad con una exigencia

absoluta: un deber absoluto (...) El hombre no puede eximirse de una obligación que le impone el juicio de la conciencia: la experiencia del remordimiento lo demuestra (...) Que el hombre se considere incapaz de eximirse de una obligación que le dicta la conciencia es prueba de que ese juicio le indica que existe una verdad anterior a la propia conciencia. Una verdad, eso sí, que no es cierta porque lo sepa la conciencia, sino al revés: la conciencia la conoce porque esa verdad existe. Dicho de otro modo: la verdad no depende de la conciencia, sino la conciencia de la verdad.»

72 Dice el P. John Hunwicke: «No hay lugar para que subsista la *auctoritas* cuando se pone por obra un mandato que claramente socava la Santa Tradición» (*From Benedict's Peace to Francis's War*, 32).

73 ST I-II, Q. 96, art. 4. Teniendo en cuenta que la desobediencia es un vicio, negarse a cumplir una ley injusta no se puede considerar desobediencia *simplíciter.* el P. Francisco José Delgado explica: «El Papa no puede cambiar por decreto una tradición ni afirmar que la liturgia postconciliar sea la única expresión de la *lex orandi* en el Rito Romano. Por ser tal cosa falsa, toda legislación basada en dicho principio es inválida y, de acuerdo con la moral católica, no debe observarse; incumplirla no sería desobediencia». Citado por José Antonio Ureta en *The Faithful Are Entitled to Defend Themselves against Liturgical Aggression*, en *From Benedict's Peace to Francis's War*, 168.

74 Roberto de Mattei, *2001 a la luz del mensaje de Fátima y de la recta razón*, en Adelante la Fe, 4 de enero de 2021.

75 Sebastian Morello, *Revolution and Repudiation: Governance Gone Awry*, en *From Benedict's Peace to Francis's War*, 99. De igual modo, escribe monseñor Schneider: «Un tesoro litúrgico de una validez

casi milenaria que goza de gran aprecio no es propiedad privada de ningún pontífice para que obre con él a su antojo. Por eso, los seminaristas y los sacerdotes jóvenes deben pedir que se haga buen uso de este tesoro común de la Iglesia y, de negárseles este derecho, pueden seguir ejerciéndolo a pesar de todo, aunque sea de manera clandestina. No constituiría desobediencia; más bien sería obediencia a la Santa Madre Iglesia, que nos ha dado este tesoro litúrgico. El firme rechazo de un rito casi milenario por parte del papa Francisco supone de hecho un fenómeno efímero en comparación con el espíritu y la práctica constante de la Iglesia» (*A Drastic and Tragic Act*, en *From Benedict's Peace to Francis's War*, 147). En una conferencia que pronunció en París el 25 de junio de 2021, monseñor Schneider no vaciló en declarar: «Fieles y sacerdotes tienen derecho a una liturgia que es la liturgia de los santos (...) En consecuencia, la Santa Sede carece de autoridad para suprimir algo que es patrimonio de toda la Iglesia. Sería un abuso, hasta para un obispo. En un caso así, se puede seguir celebrando la Misa según ese rito; es una forma de obediencia (...) a todos los papas que celebraron esa Misa» (citado por Jean-Pierre Maugendre, *Francis: The Pope of Exclusion*, en *From Benedict's Peace to Francis's War*, 62).

76 Monseñor Viganò aconseja sabiamente cómo sortear una situación así: «Es evidente que la respuesta a toda restricción o prohibición de que se celebre la Misa Tradicional debe tener en cuenta los elementos objetivos y las diversas situaciones que se pueden dar; si el ordinario de un sacerdote es enemigo declarado del rito antiguo y no tiene reparos para suspenderlo *a divinis* por celebrar la Misa Tridentina, la desobediencia pública puede ser una manera de dar a conocer el abuso del obispo, sobre todo cuando la prensa ha difundido la noticia; los prelados tienen

mucho miedo de lo que digan los medios de ellos, y prefieren a veces abstenerse de tomar medidas canónicas para evitar que la prensa hable de ellos. Por eso, el sacerdote debe sopesar si será más eficaz una confrontación justa y directa o será preferible ser discreto y disimular. A mi juicio, la primera opción es la más directa y transparente, así como la que corresponde a la conducta de los santos, que nos corresponde imitar» (*Lapides Clamabunt*, en *From Benedict's Peace to Francis's War*, 203–4).

77 En este contexto, cabe señalar que los cardenales Josyf Slipyj y Karol Wojtyła ordenaron sacerdotes en secreto porque interiormente estaban convencidos de que lo exigía el bien de la Iglesia tras el Telón de Acero. El arzobispo Marcel Lefebvre defendió del mismo modo la drástica medida que se vio obligado a tomar, aunque lo hiciera a la luz del día. Véase mi artículo *Ordinations Against Church Law: Lessons from Cardinal Wojtyła and Cardinal Slipyj*, en *OnePeterFive*, 13 de octubre de 2021.

78 Véase P. John P. Lovell, *What Is a Canceled Priest?*, en *OnePeterFive*, 4 de octubre de 2021. Recalco que hablo de un sacerdote castigado por no haber cometido otra *falta* que ceñirse a la tradición litúrgica, lo cual no es una falta sino una modélica virtud. Por ejemplo, un sacerdote que sigue rezando la Misa Tradicional en latín después de que su ordinario ha tenido la osadía de prohibirla; o aquel al que han destituido y retirado de su parroquia porque la conciencia no le permite seguir dando la comunión en la mano. En esos casos, los superiores casi siempre se ingenian falsas acusaciones para desviar la atención del verdadero motivo.

Hay que entender debidamente el principio según el cual lo que se ha dado de gracia se puede quitar de gracia. Nadie tiene derecho absoluto a ser ordenado sacerdote, y tampoco ningún sacerdote tiene un derecho absoluto a celebrar Misa o administrar los sacramentos. Pero si tenemos claro que el objeto concreto del sacerdocio es celebrar sacrificios, reconciliar a los pecadores, añadir nuevos miembros a la Iglesia y cosas así, sería absurdo que una vez que un hombre ha recibido el orden sacerdotal se le impidiese ejercer su ministerio—o sea, el ministerio de Cristo en él y a través de él—a menos que sea efectivamente culpable de herejía, cisma, abusos sexuales o cualquier otra fechoría. Sería más apropiado decir: lo que se ha dado gratuitamente por equis motivo no se puede quitar a menos que equis se infrinja. O bien, más detalladamente, «lo que gratis se da para el bien común de la Iglesia y de cada uno de los fieles de Cristo no se puede quitar a no ser que quien haya recibido ese don contravenga el bien común o el bien de los fieles». Volvemos de lleno a la cuestión del bien común de la Iglesia, que es inseparable—en palabras de Pío IV referidas al Rito Romano tradicional—«de las ceremonias transmitidas y aprobadas por la Iglesia Católica en la solemne administración de los sacramentos».

79 La argumentación convencional sería que si un sacerdote ha sido despojado de sus facultades puede seguir válida (pero ilícitamente) celebrando la Santa Misa, bautizando, dando la extremaunción y confirmando (si lo hace en el momento del bautismo o de ser recibido en la Iglesia), pero no puede dar una absolución sacramental válida salvo en casos urgentes ni puede ser testigo en un matrimonio sacramental válido. No es nuestra intención negar que hay situaciones canónicas complejas, pero tampoco podemos dejar de reconocer una realidad innegable: que la Fe católica tradicional está siendo objeto de unos ataques sin precedentes por parte de aquellos que deberían

ser sus principales valedores y defensores. Eso en sí crea una situación excepcional generalizada que no es necesario declarar como tal. (¿Y quién la iba a declarar? No lo harían desde luego los modernistas que ostentan cargos de la máxima autoridad y se benefician de la disolución de la fe y la moral católica, o al menos la aprueban.) El derecho fundamental de los bautizados a una vida tradicional de sacramentos, por ser de derecho divino, no se puede comprometer alegando o aplicando leyes humanas, por mucha fuerza que estas tengan en sí. La ley no tiene en cuenta todas las posibles situaciones, y sin duda alguna hay que aplicar los principios canónicos de equidad y epiqueya. El derecho canónico existe para facilitar la glorificación de Dios y la santificación de su pueblo, no para ponerles impedimentos y obstáculos. Para más argumentos en respaldo de esta postura, véase mi artículo *Have There Been Worse Crises Than This One?*, en *OnePeterFive*, 13 de enero de 2021.

80 V. Roberto de Mattei, *Love for the Papacy and Filial Resistance to the Pope*, 17–22.

81 *Voice in the Wilderness*, 253. Una vez más, «borrar el pasado y la Tradición, negar las raíces, deslegitimar el disenso, los abusos de autoridad y no respetar las normas, ¿no son elementos frecuentes de todas las dictaduras?» (Íbid., 229.)

82 Tomado de *From Benedict's Peace to Francis's War*, 199–200. Hablando de los sacerdotes supuestamente conservadores que quisieran salir del paso con un *Novus Ordo reverente*, Massimo Viglione dice con toda razón: «Tarde o temprano, esos mismos sacerdotes se encontrarán en la encrucijada de tener que escoger obedecer el mal y desobedecer el mal para seguir siendo fieles al Bien. El peine de la Revolución no deja nudos en la sociedad ni en la Iglesia». Véase mi artículo *Why Restricting the TLM*

Harms Every Parish Mass, en *From Benedict's Peace to Francis's War*, 287–91.

83 Martin Mosebach afirmó en una entrevista el 4 de octubre de 2021: «La hostilidad a la Tradición en algunos ambientes dirigentes de la Iglesia actual es incondicional; no pararán hasta acabar totalmente con ella. Al parecer, el papa Francisco dijo el otro día: «La Tradición nos está matando». Ni se imagina cuánta razón tiene. En efecto, la Tradición pronunciará tarde o temprano su veredicto sobre él, porque es la esencia de la Iglesia, y también el fundamento del papado, que sin la Tradición no existiría» (Maike Hickson, '*Legitimate illegality*': *Famed Catholic author on how to defend tradition*, en *LifeSiteNews*, 4 de octubre de 2021). Hay que tener la clarividencia de reconocer que en estos momento el papado padece una peligrosa mutación cancerosa. No en el sentido de que el cargo desaparecerá (cosa que sería imposible), sino en el de que en la práctica se está pervirtiendo y está realizando unas funciones contrarias a las que debe cumplir en el Cuerpo Místico. El motu proprio *Traditionis custodes* es un ataque descarado al patrimonio y el bien común de la Iglesia. Eso quiere decir que obedecer a este papa en las cuestiones tratadas en dicho documento supondría desobedecer a Cristo y al papado propiamente dicho. Por eso, sin abandonar el imprescindible criterio de la comunión con Roma, unas decisiones que estén motivadas por la legítima defensa y una resistencia proporcionada a graves males puede ser parecida a las medidas que tomaron el arzobispo Lefebvre y la Hermandad Sacerdotal S. Pío X.

84 *From Benedict's Peace to Francis's War*, 161. En 1998 la Congregación para la Doctrina de la Fe publicó unas reflexiones tituladas *El primado del Sucesor de Pedro en el misterio de la Iglesia*,

que se pueden encontrar en el portal de la Santa Sede y ponen de relieve varios puntos importantes: « El Romano Pontífice, como todos los fieles, está subordinado a la Palabra de Dios, a la fe católica (…) En otras palabras, la *episkopé* del Primado tiene los límites que proceden de la ley divina y de la inviolable constitución divina de la Iglesia contenida en la Revelación (...) Por el carácter supremo de la potestad del Primado, no existe ninguna instancia a la que el Romano Pontífice deba responder jurídicamente del ejercicio del don recibido: «*prima sedes a nemine iudicatur*» [42]. Sin embargo, eso no significa que el Papa tenga un poder absoluto. (…) La responsabilidad última e inderogable del Papa encuentra la mejor garantía, por una parte, en su inserción en la Tradición y en la comunión fraterna y, por otra, en la confianza en la asistencia del Espíritu Santo, que gobierna la Iglesia» (n.º 7 y 10). Esta última frase nos lleva de vuelta al debate sobre la normatividad de la Tradición y el papel que cumple el Espíritu Santo para mantenerla en la historia de la Iglesia, de manera especial en el desarrollo orgánico de la liturgia.

85 La autoridad del Estado sobre las funciones eclesiásticas fue condenada por Pío IX en el *Syllabus* (1864): «La autoridad civil puede inmiscuirse en las cosas que tocan a la Religión (…) puede asimismo hacer reglamentos para la administración de los sacramentos, y sobre las disposiciones necesarias para recibirlos» (n.º 44). Aunque últimamente se haya vuelto un tema discutido, un principio establecido de larga data en el derecho canónico es que los sacerdotes no pueden privar de la Misa o de los sacramentos a fieles católicos que tengan las debidas disposiciones (véase CIC [1983] 213–214, 384, 519, 528.2). A quien desee conocer la postura razonable y llena de fe un

arzobispo a este respecto, le recomiendo la entrevista de Dinae Montagna publicada en *The Remnant* [en español en Adelante la Fe] el 27 de maro de 2020 *Monseñor Athanasius Schenider habla de la reacción de la Iglesia al coronavirus.*

86 Tomado de la entrevista mencionada en la nota anterior.

87 Las prohibiciones de la Misa que se han prodigado últimamente en nombre de una *crisis de salud pública* no tienen precedentes en la historia de la Iglesia; es más, traslucen un concepto peligrosamente protestante de la Misa. Según la definición del Concilio de Trento, el fin primordial de la Misa no es cumplir una función social ni ser un banquete comunitario para provecho de los asistentes (aunque también cumpla esas funciones), sino ser un monumento divino, «un sacrificio visible, según requiere la condición de los hombres, en el que se representase el sacrificio cruento que por una vez se había de hacer en la cruz, y permaneciese su memoria hasta el fin del mundo, y se aplicase su saludable virtud a la remisión de los pecados que cotidianamente cometemos» (Sesión 22, cap. 1, pp. 144–45). Dicho de otra manera: la Misa tiene que seguir siendo un sacrificio diario agradable a Dios independientemente de las circunstancias. La prudencia dicta no prohibir las misas ni el acceso a los sacramentos, ni ponerles graves impedimentos, sino determinar la mejor forma de garantizar su continuación ininterrumpida en unas circunstancias determinadas. Hay una perversión teológica más profunda que explica por qué han estado tan dispuestos a suspender los sacramentos: la generalizada influencia de un concepto modernista que entiende los sacramentos como un teatro de la salvación en el que se representa simbólicamente una escena evocando lo que ya tuvo lugar objetivamente en el *acto crístico.* En resumidas cuentas, que los sacramentos no

tienen por efecto nuestra salvación, limitándose a recordarnos una salvación que ya ha tenido lugar. De ahí que no sean más necesarios que una representación escénica. Para un análisis completo, véase Thomas Pink, *Vatican II and Crisis in the Theology of Baptism*, publicado en *The Josias* los días 2, 5 y 8 de noviembre de 2018.

88 Dice el arzobispo Carlo Maria Viganò: «Si alguien celebra exclusivamente la Misa Tridentina y predica la sana doctrina sin mencionar jamás el Concilio, ¿qué le pueden hacer? Quizá lo echen de las iglesias, ¿y luego qué? Nadie puede evitar que renueve el Santo Sacrificio, aunque tenga improvisar un altar en un sótano o un desván, como hacían los sacerdotes insumisos durante la Revolución Francesa, y como sigue haciéndose en China. Y si procuran apartaros, resistid; el derecho canónico sirve para garantizar el gobierno de la Iglesia en el cumplimiento de sus principales finalidades, no para destruirlo. Perdamos el miedo: la culpa del cisma no es de quienes lo denuncian, sino de quienes lo llevan a cabo. ¡Los cismáticos y los herejes son los que hieren y crucifican el Cuerpo Místico de Cristo, no quienes lo defienden denunciando a los verdugos!» (*Voice in the Wilderness*, 203).

89 Por ejemplo, hoy en día somos testigos de que la labor de los sacerdotes de la HSSPX, que resistieron sin aprobación ni autorización oficial de la Iglesia, viéndose obligados durante décadas a cometer irregularidades canónicas, ha ido quedando poco a poco vindicada, conforme la actitud del Vaticano hacia ellos ha pasado de una franca hostilidad a una resignada tolerancia y más tarde una aceptación benevolente (si bien la situación exacta varía de un lugar a otro). Para más detalle ver mi artículo *Is It Ever Okay to Take Shelter in an SSPX Mass?*, en *OnePeterFive*,

3 de abril de 2019. Para otros casos de decisiones pontificias que han sido anuladas y se ha vindicado una aparente desobediencia, véase Timothy Flanders, *Why the Term 'Extraordinary Form' is Wrong*, en *The Meaning of Catholic*, 9 de agosto de 2019. El argumento semántico de Flanders ha sido confirmado (si bien con un sentido totalmente contrario a las realidades) por la abolición efectiva por parte del papa Francisco de las expresiones *rito ordinario* y *rito extraordinario* de la Misa.

90 *From Benedict's Peace to Francis's War*, 67.

91 *From Benedict's Peace to Francis's War*, 330–31.

92 Véase Hechos 5,40–42: «Y después de llamar a los apóstoles y azotarlos, les mandaron que no hablasen más en el nombre de Jesús, y los despacharon. Mas ellos salieron gozosos de la presencia del sinedrio, porque habían sido hallados dignos de sufrir desprecio por el nombre (de Jesús). No cesaban todos los días de enseñar y anunciar a Cristo Jesús tanto en el Templo como por las casas».

93 See Bronwen McShea, *Bishops Unbound: The History Behind Today's Crisis of Church Leadership*, en *First Things*, enero de 2019.

94 Desde luego, si no tenemos cuidado caeremos en un par de errores que condenó Pío IX en el *Syllabus de errores*: «El derecho consiste en el hecho material; y todos los deberes de los hombres son un nombre vano, y todos los hechos humanos tienen fuerza de derecho» (58) y «La afortunada injusticia del hecho no trae ningún detrimento a la santidad del derecho» (61). Massimo Viglione comenta: «No debemos tratar de agradar a los hombres, sino a Dios, que examina nuestros corazones» (1 Tes.2,4). ¡Ni más ni menos! Por tanto, quien obedece a los hombres consciente de que al hacerlo facilita el mal y obstruye el bien, sea quien sea—así pertenezca a la jerarquía, o sea el

mismísimo Papa—se hace cómplice del mal, las mentiras y el error. Quien obedece en esas condiciones desobedece a Dios. «El discípulo no es mayor que su maestro» (Mt.10,24). (*From Benedict's Peace to Francis's War*, 110).

95 *The Great Betrayal: Thoughts on the Destruction of the Mass* (Waterloo, ON: Arouca Press, 2021), 71–72. Por ecumenistas entiende aquellos miembros del Consilium que querían la nueva Misa fuera lo más parecida posible al culto de los protestantes y lo más aceptable posible para ellos. Algunas llamativas pruebas en este sentido se pueden ver en Sharon Kabel, *Catholic fact check: Jean Guitton, Pope Paul VI, and the liturgical reforms*, 7 de diciembre de 2020, https://sharonkabel.com/post/guitton/.

96 Véase el artículo mencionado en la nota 77.

Sobre el autor

Peter Kwasniewski es bachiller en humanidades por el Thomas Aquinas College y máster y doctor en Filosofía por la Universidad Católica de Estados Unidos, y se ha especializado en el estudio del pensamiento tomista. Tras haber sido docente en el Instituto Teológico Internacional de Austria fue socio fundador del Wyoming Catholic College, donde impartió teología, filosofía, música e historia del arte y dirigió el coro y la *schola cantorum* hasta 2018. Actualmente se dedica de lleno a escribir y dictar conferencias. Publica en varios portales y publicaciones de internet como *The New Liturgical Movement, OnePeterFive, Rorate Caeli, The Remnant, Catholic Family News* y *Latin Mass Magazine.* El Dr. Kwasniewski ha publicado numerosos textos encuentros académicos y populares sobre teología de la liturgia y los sacramentos, historia y estética de la música, doctrina social de la Iglesia y temas diversos relativos a la Iglesia contemporánea. Es autor y editor de dieciséis libros, siendo los más recientes *From Benedict's*

Peace to Francis's War (Angelico, 2021) y *Ministers of Christ: Recovering the Roles of Clergy and Laity in an Age of Confusion* (Crisis Publications, 2021). Su obra se ha traducido a al menos dieciocho idiomas. En español tiene muchos artículos publicados en Adelante la Fe, Asociación Litúrgica Magnificat, y Marchando Religión. Para más información, visitar su página de internet: https://www.peterkwasniewski.com/.

www.ingramcontent.com/pod-product-compliance
Ingram Content Group UK Ltd.
Pitfield, Milton Keynes, MK11 3LW, UK
UKHW041953190726
13854UKWH00005B/1932

9 781960 711182